essentials

essentials liefern aktuelles Wissen in konzentrierter Form. Die Essenz dessen, worauf es als „State-of-the-Art" in der gegenwärtigen Fachdiskussion oder in der Praxis ankommt. *essentials* informieren schnell, unkompliziert und verständlich

- als Einführung in ein aktuelles Thema aus Ihrem Fachgebiet
- als Einstieg in ein für Sie noch unbekanntes Themenfeld
- als Einblick, um zum Thema mitreden zu können

Die Bücher in elektronischer und gedruckter Form bringen das Expertenwissen von Springer-Fachautoren kompakt zur Darstellung. Sie sind besonders für die Nutzung als eBook auf Tablet-PCs, eBook-Readern und Smartphones geeignet. *essentials:* Wissensbausteine aus den Wirtschafts-, Sozial- und Geisteswissenschaften, aus Technik und Naturwissenschaften sowie aus Medizin, Psychologie und Gesundheitsberufen. Von renommierten Autoren aller Springer-Verlagsmarken.

Weitere Bände in der Reihe http://www.springer.com/series/13088

Stefan Georg

Basiswissen betriebliche Steuerlehre

Ein Überblick für Studierende und
Selbstständige

Stefan Georg
Dienstleistungsmanagement
HTW des Saarlandes
Saarbrücken, Deutschland

ISSN 2197-6708   ISSN 2197-6716   (electronic)
essentials
ISBN 978-3-658-23826-1   ISBN 978-3-658-23827-8   (eBook)
https://doi.org/10.1007/978-3-658-23827-8

Die Deutsche Nationalbibliothek verzeichnet diese Publikation in der Deutschen Nationalbibliografie; detaillierte bibliografische Daten sind im Internet über http://dnb.d-nb.de abrufbar.

Springer Gabler
© Springer Fachmedien Wiesbaden GmbH, ein Teil von Springer Nature 2019

Springer Gabler ist ein Imprint der eingetragenen Gesellschaft Springer Fachmedien Wiesbaden GmbH und ist ein Teil von Springer Nature
Die Anschrift der Gesellschaft ist: Abraham-Lincoln-Str. 46, 65189 Wiesbaden, Germany

Was Sie in diesem *essential* finden können

- Lernen Sie die wichtigsten Steuerarten kennen, für die Unternehmer die Verantwortung tragen. Hierzu zählen vor allem die Umsatzsteuer, die Gewerbesteuer und die Körperschaftsteuer.
- Verstehen Sie das Konzept der Einkommensteuer, das Unternehmer und Beschäftigte gleichermaßen betrifft.
- Verschaffen Sie sich in kompakter Form einen ersten Überblick über Details zu den jeweiligen Steuerarten.
- Verlieren Sie Ihre mögliche Angst vor dem Thema Steuern. Sie müssen kein Experte sein, um mitreden zu können.
- Ziel ist es nicht, dass Sie nach dem Lesen dieses Buches die Steuererklärungen völlig selbstständig bearbeiten können; vielmehr sollen Sie am Ende Ihre Steuererklärungen verstehen können!

Vorwort

Kennen Sie sich mit der deutschen Steuergesetzgebung aus? Bestimmt haben Sie schon einmal etwas von Lohnsteuer, Einkommensteuer oder Umsatzsteuer gehört. Aber haben Sie auch Detailwissen? Falls ja, können Sie dieses Buch zur Seite legen. Andernfalls kann es für Sie wirklich interessant sein.

Viele Bücher zur Steuerlehre oder zum Steuerrecht sind recht kompliziert. Und dies völlig zu Recht, denn das deutsche Steuerrecht ist auffallend kompliziert. Will man alle Details erfassen, muss man oft Hunderte von Seiten füllen. Doch dieses Buch folgt einem anderen Ansatz: Ziel ist es nicht, Sie zu Steuerexperten auszubilden. Vielmehr sollen Sie einen schnellen Überblick über die wichtigsten deutschen Steuerarten gewinnen.

Steuerliches Basiswissen zu besitzen, ist grundsätzlich nicht verkehrt. Das gilt für Unternehmer und Privatpersonen zugleich. Denn wir alle sind steuerpflichtig und leisten täglichen einen Beitrag zum Steueraufkommen Deutschlands. Dabei halten wir (in der Regel) das geltende Recht ein, ohne es so genau zu kennen. Dafür sorgen z. B. die Unternehmen, wenn sie von uns Umsatzsteuer kassieren oder unsere Lohnsteuer an die Finanzbehörden abführen. Dieser Steuerarten sind vielen Menschen zumindest ein wenig vertraut. Aber es gibt auch einige wichtige Steuerarten, die besser versteckt sind: Von der Gewerbesteuer, der Körperschaftsteuer oder der Energiesteuer hat noch nicht jeder etwas gehört. Dabei beeinflussen auch diese Steuern unser Wirtschaftsleben ganz erheblich.

Ziehen Sie sich mit diesem Buch in eine ruhige Ecke zurück. Es ist für interessierte Laien geschrieben und zeigt Ihnen, wie die wichtigsten Steuerarten in unserem Land funktionieren.

Inhaltsverzeichnis

Begriffe und Grundlagen

1

▶ Die Höhe der Steuern in Deutschland ist durchaus umstritten. Immerhin kommt ein Steueraufkommen von über 650 Mrd. EUR pro Jahr zusammen. Und diese Summe verteilt sich auf eine Vielzahl unterschiedlicher Steuerarten. Die Lohnsteuer, die Einkommensteuer und die Umsatzsteuer sind den meisten Menschen bekannt. Es gibt aber auch weniger vertraute Steuerarten wie die Energiesteuer oder die Körperschaftsteuer. Lesen Sie, wie der Steuerbegriff definiert ist. Gewinnen Sie einen ersten Überblick über die Vielfalt der in Deutschland zu zahlenden Steuern. Lernen Sie deren Bedeutung und die Abgrenzung der Steuerarten untereinander, aber auch die Abgrenzung zu Beiträgen und Gebühren kennen.

Steuern werden von vielen Menschen als lästig, kompliziert und ungerecht empfunden. Das liegt auch daran, dass diese Menschen mit Steuern konkrete Gegenleistungen in Verbindung bringen. So glauben viele, die Kraftfahrzeugsteuer werde zum Bau und zur Reparatur von Straßen erhoben. Das ist jedoch völlig falsch. Aber was sind überhaupt Steuern? Die *Abgabenordnung* regelt in § 3 Absatz 1, Satz 1 den Begriff der Steuer. Steuern sind an folgende Voraussetzungen geknüpft:

1. Es muss sich um eine Geldleistung handeln.
2. Die Geldleistung darf KEINE Gegenleistung für eine besondere Leistung sein.
3. Die Geldleistung muss von einem öffentlich rechtlichen Gemeinwesen erhoben werden (Bund, Länder, Gemeinden, Religionsgemeinschaften).

© Springer Fachmedien Wiesbaden GmbH, ein Teil von Springer Nature 2019
S. Georg, *Basiswissen betriebliche Steuerlehre*, essentials,
https://doi.org/10.1007/978-3-658-23827-8_1

4. Die Geldleistung muss zur Erzielung von Einnahmen erhoben werden (Hauptzweck zur Deckung des Finanzbedarfs oder Nebenzweck zur Lenkung des Konsums).
5. Die Geldleistung muss allen auferlegt werden, die den Tatbestand erfüllen, an den das Gesetz die Zahlungspflicht knüpft.

Sie sehen, es ist nach Punkt 2 sogar ausdrücklich verboten, dass mit einer Steuer eine konkrete Gegenleistung verbunden ist. Steuern dienen in erster Linie der Schaffung von Einnahmen für den Staat und in zweiter Linie der Beeinflussung des Konsumverhaltens. So wird mit der Energiesteuer bewusst der Energieverbrauch verteuert, damit die Verbraucher bewusster mit Energie umgehen.

Von den Steuern sind Gebühren und Beiträge zu unterscheiden (Abb. 1.1). *Gebühren* werden für bestimmte, tatsächlich in Anspruch genommenen Gegenleistungen fällig. Hier steht die individuelle Kostendeckung im Vordergrund (Bsp.: Erstellung des Personalausweise oder Anmeldung eines Gewerbes). *Beiträge* hingegen sind Abgaben für eine angebotene hoheitliche Leistung. Dabei ist unwichtig, ob diese auch in Anspruch genommen wird (z. B. Kammerbeitrag von Unternehmen). Die Höhe der Beiträge orientiert sich an der gruppenmäßigen Kostendeckung.

Des Weiteren sind Steuerpflichtige, Steuerschuldner und Steuerträger zu unterscheiden.

- *Steuerpflichtig* ist, wer eine Steuer schuldet, für eine Steuer haftet bzw. eine Steuer für Rechnung eines Dritten einzubehalten und abzuführen hat. So muss ein Unternehmen bspw. die Lohnsteuer für die Arbeitnehmer einbehalten und abführen. Außerdem gilt als steuerpflichtig, wer eine Steuererklärung abgeben muss oder Bücher und Aufzeichnungen führen muss. Dies ist in § 33 der Abgabenordnung geregelt.

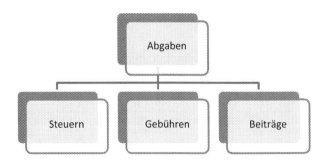

Abb. 1.1 Abgaben

- *Steuerschuldner* ist dagegen die Person, die den gesetzlichen Tatbestand verwirklicht und deshalb die materielle Steuerpflicht erfüllen muss. Dies bedeutet, dass der Steuerschuldner die Steuer entrichten muss. So ist der Arbeitnehmer Schuldner der Lohnsteuer. Somit sind Steuerschuldner zugleich auch Steuerpflichtige.
- Als *Steuerträger* wird hingegen derjenige bezeichnet, der mit der Steuer wirtschaftlich belastet wird. Bei der Umsatzsteuer ist dies beispielsweise der Endverbraucher.

Einteilungsmöglichkeiten von Steuern

Steuern lassen sich nach unterschiedlichen Gesichtspunkten unterteilen (Abb. 1.2).

Die Ertragshoheit beantwortet die Frage, wer die Steuern erheben darf. Demnach ergeben sich folgende Steuerarten (Abb. 1.3 und Tab. 1.1):

Nach dem Steuergegenstand ergeben sich beispielsweise (Abb. 1.4 und Tab. 1.2):

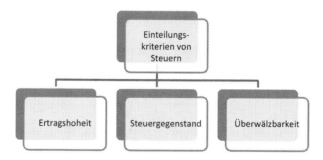

Abb. 1.2 Einteilungskriterien von Steuern

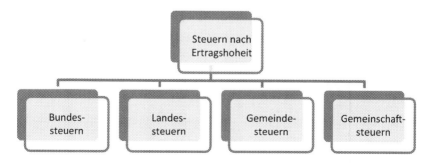

Abb. 1.3 Steuern nach Ertragshoheit

Tab. 1.1 Beispiele für Steuerarten nach der Ertragshoheit

Beispiele für Bundessteuern	Beispiele für Landessteuern	Beispiele für Gemeindesteuern	Beispiele für Gemeinschaftsteuern
Zölle, Einfuhrumsatzsteuer, viele Verbrauchsteuern	Erbschaftsteuer, Biersteuer, Grunderwerbsteuer, Spielbankabgabe	Grundsteuer, Gewerbesteuer, Hundesteuer	Umsatzsteuer, Zinsabschlagsteuer, Einkommensteuer, Körperschaftsteuer

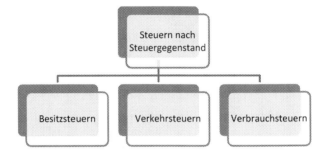

Abb. 1.4 Steuern nach Steuergegenstand

Tab. 1.2 Beispiele für Steuern nach dem Steuergegenstand

Beispiele für Besitzsteuern	Beispiele für Verkehrsteuern	Beispiele für Verbrauchsteuern
Einkommensteuer, Körperschaftsteuer, Gewerbesteuer, Grundsteuer	Umsatzsteuer, Grunderwerbsteuer, Kraftfahrzeugsteuer, Versicherungsteuer	Tabaksteuer, Kaffeesteuer, Biersteuer, Brandweinsteuer, Energiesteuer, Stromsteuer

Abb. 1.5 Steuern nach Überwälzbarkeit

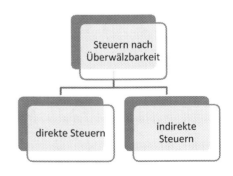

Zu den *Besitzsteuern* zählen Steuern auf den Besitz von Vermögenswerten, aber auch Ertragsteuern auf einen Vermögenszuwachs. *Verkehrsteuern* entstehen durch eine Beteiligung am Rechts- und Wirtschaftsverkehr. *Verbrauchsteuern* werden dagegen für den Verbrauch bestimmter Güter erhoben. Nach der Überwälzbarkeit unterscheidet man außerdem (Abb. 1.5 und Tab. 1.3):

Steueraufkommen
Im Jahr 2017 betrug das gesamte Steueraufkommen in Deutschland 674,6 Mrd. EUR (zuzüglich der Gemeindesteuern, vgl. Abb. 1.6). Diese verteilen sich wie folgt auf die einzelnen Steuerarten:

* Gemeinschaftsteuern: 547,4 Mrd. EUR
* Bundessteuern: 99,5 Mrd. EUR
* Ländersteuern: 22,2 Mrd. EUR

Tab. 1.3 Beispiele für Steuern nach Überwälzbarkeit

Beispiele für direkte Steuern (Steuerschuldner ist auch Steuerträger)	**Beispiele für indirekte Steuern** (Steuerschuldner unterscheidet sich von Steuerträger)
Einkommensteuer, Körperschaftsteuer	Umsatzsteuer, Verbrauchsteuern, Zölle

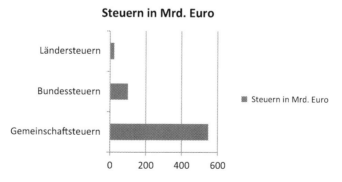

Abb. 1.6 Steueraufkommen Deutschland 2017

Dabei zählen nach Angaben des Bundesfinanzministeriums[1] zu den 10 einnahme-stärksten Steuerarten:

1. Lohnsteuer: 195,5 Mrd. EUR (als Teil der Einkommensteuer)
2. Umsatzsteuer: 170,5 Mrd. EUR
3. Veranlagte Einkommensteuer: 59,4 Mrd. EUR
4. Einfuhrumsatzsteuer: 55,9 Mrd. EUR
5. Energiesteuer: 41 Mrd. EUR
6. Körperschaftsteuer: 29,3 Mrd. EUR
7. Nicht-veranlagte Steuer vom Ertrag: 20,9 Mrd. EUR
8. Solidaritätszuschlag: 17,6 Mrd. EUR
9. Tabaksteuer: 14,4 Mrd. EUR
10. Grunderwerbsteuer: 13,1 Mrd. EUR

Hinzu kommen noch etwa 60 Mrd. EUR *Gemeindesteuern.* Der größte Anteil entfällt dabei auf die *Gewerbesteuer* mit 52,9 Mrd. EUR.[2]

Doch wie ist die Höhe der Steuerlast in Deutschland im Vergleich zu anderen europäischen Ländern (Tab. 1.4) zu bewerten?[3]

Demnach ist die Last für die Bürger Belgiens am höchsten. Da jedoch den Zahlungen auch ganz unterschiedliche Gegenleistungen (gerade auch des Sozial-systems) gegenüber stehen, lässt sich aus den Zahlungsverpflichtungen nicht wirklich ableiten, ob diese eher zu hoch oder zu niedrig sind.

Nachfolgend, in den Kap. 2 bis 7 des Buches, werden Ihnen die wichtigsten Steuerarten erklärt. Dabei bilden die Lohnsteuer, die veranlagte Einkommen-steuer und die nicht-veranlagte Einkommensteuer einen Block. Ein zweiter Block fasst die Umsatzsteuer und die Einfuhrumsatzsteuer zusammen. Außerdem sol-len die Körperschaftsteuer, die Energiesteuer, der Solidaritätszuschlag und die Gewerbesteuer vorgestellt werden.

---

[1]https://www.bundesfinanzministerium.de/Content/DE/Standardartikel/Themen/Steuern/Steuerschaetzungen_und_Steuereinnahmen/2018-01-26-steuereinnahmen-kalenderjahr-2017.pdf;jsessionid=89B58BBF47AE1AC68952B8BBBDC0FE2F?__blob=publicationFile&v=4.

[2]https://www.destatis.de/DE/ZahlenFakten/GesellschaftStaat/OeffentlicheFinanzenSteuern/Steuern/Steuerhaushalt/AktuellSteuereinnahmen.html;jsessionid=305FB518E-143C2E4A2136A2E00CE06EE.InternetLive2.

[3]http://www.spiegel.de/wirtschaft/soziales/steuern-deutschland-ist-vizemeister-bei-der-abgabenlast-a-1142772.html.

Tab. 1.4   Steuerbelastung nach Ländern

Land	Einkommensteuer	Sozialabgaben Arbeitnehmer/ Arbeitgeber	Gesamtbelastung
Belgien	20,8	10,9/22,3	54,0
Deutschland	15,9	17,3/16,2	49,4
Ungarn	11,7	14,4/22,2	48,2
Frankreich	10,8	10,5/26,8	48,1
Italien	16,4	7,2/24,2	47,8
Österreich	10,8	13,9/22,4	47,1
Finnland	17,9	7,1/18,7	43,8
Tschechien	9,4	8,2/25,4	43,0
Schweden	13,6	5,3/23,9	42,8
Spanien	11,6	4,9/23,0	39,5

Einkommensteuer

2

> Die Einkommensteuer ist vielen Menschen besonders vertraut, da die Lohnsteuer einen Teil der Einkommensteuer ausmacht. Auch für die Staatsfinanzierung ist sie wichtig, da alleine über die Lohnsteuer bereits jährlich rund 200 Mrd. EUR in die Staatskasse fließen. Lesen Sie, nach welchem Konzept die Höhe der Einkommensteuer zu berechnen ist. Lernen Sie die verschiedenen Einkunftsarten kennen, die die Basis des zu versteuernden Einkommens bilden. Machen Sie sich mit den Grundlagen vertraut, die Höhe der steuerpflichtigen Einkünfte korrekt zu berechnen. Schließlich können Sie nach Durcharbeiten dieses Kapitels auch Werbungskosten und Sonderausgaben voneinander unterscheiden.

2.1 Einkommensteuerliche Grundlagen

Bei der *Einkommensteuer* handelt es sich dem Wesen nach um eine Besitzsteuer. Dabei bildet die Besteuerungsgrundlage das Einkommen natürlicher Personen.

Zweites Kennzeichen der Einkommensteuer ist die Berücksichtigung der wirtschaftlichen Leistungsfähigkeit der natürlichen Personen, man spricht von einer *Personensteuer.*

Da Steuerzahler, Steuerschuldner und Steuerträger identisch sind, handelt es sich um eine *direkte Steuer.*

Die Einkommensteuer zählt zu den *Gemeinschaftssteuern,* d. h. es kommt zu einer Aufteilung der Steuereinnahmen auf Bund und Länder.

Als Veranlagungssteuer wird in jedem Kalenderjahr das zu versteuernde Einkommen berechnet und die Einkommensteuer in einem Einkommensteuerbescheid festgesetzt. Ein Teil der Einkommensteuer wurde dabei bereits als

© Springer Fachmedien Wiesbaden GmbH, ein Teil von Springer Nature 2019
S. Georg, *Basiswissen betriebliche Steuerlehre*, essentials,
https://doi.org/10.1007/978-3-658-23827-8_2

Abzugs- bzw. Abgeltungssteuer realisiert, nämlich die *Lohnsteuer* über den Arbeitgeber und die *Kapitalertragsteuer* über den Auszahler der Kapitalerträge (z. B. Dividende bei einer Aktiengesellschaft). Somit sind die Lohnsteuer und die Kapitalertragsteuer Teil der Einkommensteuer.

Die *veranlagte Einkommensteuer* (in der Statistik der Steuereinnahmen) umfasst somit den Teil der Einkommensteuer, der vom Finanzamt durch einen Bescheid auf Basis einer eingereichten Steuererklärung festgesetzt wird. Dagegen sind sogenannte *nicht veranlagte Steuern vom Ertrag* die Kapitalertrag- und Zinsabschlagsteuer, für die man keine Erklärung einreichen muss, da die Steuer direkt von einer Bank oder von einer Lebensversicherung an das Finanzamt überwiesen wird.

Die wichtigste Rechtsgrundlage zur Einkommensteuer sind das *Einkommensteuergesetz* (und seine Nebengesetze) sowie die jeweiligen einkommensteuerrechtlichen Verwaltungsvorschriften und Durchführungsvereinbarungen.

Das Einkommensteuergesetz kennt insgesamt sechs, vom Familienstand des Steuerpflichtigen abhängige Lohnsteuerklassen:

- Steuerklasse 1 gilt für Ledige, Verheiratete, deren Ehegatte beschränkt steuerpflichtig ist, für Verwitwete ab dem übernächsten Jahr nach dem Tod des Ehepartners und für Geschiedene.
- Steuerklasse 2 greift für Alleinerziehende, für die die Voraussetzungen von Steuerklasse 1 erfüllt sind und die Anspruch auf einen Entlastungsbetrag für Alleinerziehende haben.
- Steuerklasse 3 gilt für Verheiratete, bei denen der Ehepartner Lohnsteuerklasse 5 gewählt hat, und für Verwitwete bis zum Jahr nach dem Tod des Ehepartners.
- Steuerklasse 4 greift bei Verheirateten, die beide nach dieser Steuerklasse eingeordnet werden.
- Steuerklasse 5 ist von einem der Ehepartner zu wählen, wenn der andere Ehepartner in Steuerklasse 3 eingeordnet ist.
- Steuerklasse 6 greift für ein zweites oder weiteres Dienstverhältnis eines Steuerpflichtigen.

Je nach zutreffender Lohnsteuerklasse ist der Vorwegabzug der Lohnsteuer von der Vergütung unterschiedlich hoch. Die höchste Steuerlast entsteht bei Lohnsteuerklasse 6. Allerdings kann über die Einkommensteuererklärung eine Korrektur der tatsächlichen Steuerlast erfolgen.

2.2 Steuerpflicht

Das Einkommensteuerrecht unterscheidet zwischen einer persönlichen und einer sachlichen Steuerpflicht (Abb. 2.1).

Unbeschränkt einkommensteuerpflichtig sind alle natürlichen Personen (alle lebenden Menschen), die im Inland einen Wohnsitz oder ihren gewöhnlichen Aufenthalt haben. Aus unternehmerischer Sicht ist interessant, dass alle Kapitalgesellschaften (z. B. GmbH, AG) juristische Personen sind und als solche der Körperschaftsteuer unterliegen. Personengesellschaften (OHG, KG) sind weder natürliche, noch juristische Personen. Sie unterliegen weder der Einkommennoch der Körperschaftsteuer. Stattdessen werden die Gewinne der Personengesellschaften anteilig als Einkünfte den Gesellschaftern zugerechnet.

▷ **Beispiel**
Emanuel Baguette ist belgischer Staatsbürger. Er hat einen Wohnsitz in Brüssel (Belgien) und außerdem seinen gewöhnlichen Aufenthalt in Aachen (Deutschland). Er erzielt sowohl in Brüssel, als auch in Aachen Einkünfte. Wo ist Emanuel Baguette steuerpflichtig?
Antwort Baguette ist in Deutschland unbeschränkt steuerpflichtig, da er in Deutschland seinen gewöhnlichen Aufenthalt hat. Voraussetzung dafür ist, dass er für einen zeitlich zusammenhängenden Zeitraum von mehr als 6 Monaten Dauer in Aachen lebt, wobei kurzfristige Unterbrechungen des Aufenthalts (z. B.: Jahresurlaub, Kuraufenthalt) unberücksichtigt bleiben.

Unbeschränkt steuerpflichtige Personen werden mit ihrem Welteinkommen besteuert. Dies kann prinzipiell dazu führen, dass ein inländischer Steuerpflichtiger sowohl Steuern im Ausland als auch im Inland bezahlen muss, wenn

Abb. 2.1 Steuerpflicht

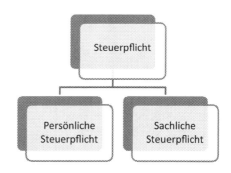

er ein Einkommen im Ausland erzielt. Allerdings pflegt Deutschland mit den meisten Ländern ein sogenanntes Doppelbesteuerungsabkommen. Ein Doppelbesteuerungseinkommen regelt, in welchem Land und in welcher Form die Einkommensteuer zu entrichten ist. Ein Deutscher, der in Österreich lebt, aber in Deutschland arbeitet, muss demnach keine Steuern in Deutschland, sondern in Österreich zahlen, wenn sein Lebensmittelpunkt in Österreich angesiedelt ist.

Darüber hinaus gibt es noch die erweiterte unbeschränkte Steuerpflicht, die fiktive unbeschränkte Steuerpflicht und die beschränkte Steuerpflicht.

Die erweiterte unbeschränkte Steuerpflicht gilt z. B. für deutsche Diplomaten, die zwar ihren Lebensmittelpunkt im Ausland haben, aber dennoch in Deutschland unbeschränkt steuerpflichtig bleiben. Die fiktive unbeschränkte Steuerpflicht gilt für Grenzpendler: Wenn Sie als Deutscher in Deutschland wohnen, aber in Frankreich arbeiten, sind Sie dennoch in Deutschland und nicht in Frankreich steuerpflichtig. Die beschränkte Steuerpflicht gilt hingegen für ausländische Staatsbürger, die auch im Ausland leben, aber in Deutschland Einkünfte beziehen.

Die *sachliche Steuerpflicht* erstreckt sich über die Höhe des zu versteuernden Einkommens innerhalb eines Kalenderjahres. Sie betrifft den wirtschaftlichen Tatbestand, auf den die Steuer erhoben wird. So begründet das steuerpflichtige Einkommen die Erhebung der Einkommensteuer.

2.3   Höhe des zu versteuernden Einkommens

Die Summer aus Gewinneinkünften und Überschusseinkünften bildet die Grundlage zur Berechnung des zu versteuernden Einkommens.

Tab. 2.1 zeigt ein Berechnungsschema zu dessen Ermittlung.

Zu den Gewinneinkünften zählen

- Einkünfte aus Land- und Forstwirtschaft,
- Einkünfte aus Gewerbebetrieb und
- Einkünfte aus selbstständiger Arbeit.

Zu den Überschusseinkünften zählen

- Einkünfte aus nichtselbstständiger Arbeit,
- Einkünfte aus Kapitalvermögen,
- Einkünfte aus Vermietung und Verpachtung sowie
- Sonstige Einkünfte (nach § 22 Einkommensteuergesetz).

Tab. 2.1 Berechnung des zu versteuernden Einkommens

	Gewinneinkünfte
+	Überschusseinkünfte
=	Summe der Einkünfte
−	Korrekturbeträge der Einkünfte (z. B. Werbungskosten, Betriebsausgaben)
=	Gesamtbetrag der Einkünfte
−	Korrekturbeträge zum Einkommen (z. B. Sonderausgaben, Vorsorge)
=	Einkommen
−	Freibeträge nach § 32 Abs. 6 Einkommensteuergesetz und Härteausgleich[a]
=	Zu versteuerndes Einkommen

[a]Der Härteausgleich entspricht einer kleinen Steuervergünstigung. Demnach sind Nebeneinkünfte unter der Freigrenze von 410 EUR einkommensteuerrechtlich nicht relevant.

Der Korrekturbetrag I umfasst

- den Altersentlastungsbetrag nach § 24a Einkommensteuergesetz,
- den Entlastungsbetrag für Alleinerziehende nach § 24b Einkommensteuergesetz und
- den Freibetrag für Land- und Fortwirte.

Der Korrekturbetrag II beinhaltet

- den Verlustabzug nach § 10d Einkommensteuergesetz,
- Sonderausgaben nach § 10, 10b und 10c Einkommensteuergesetz sowie
- außergewöhnliche Belastungen nach § 33 – 33b Einkommensteuergesetz.

Das deutsche Einkommensteuerrecht sieht eine *lineare Progression* vor. Diese zeichnet sich durch 5 Zonen aus, wobei die lineare Progression nur in den Zonen 2 und 3 realisiert ist. Dabei gelten für den Veranlagungszeitraum 2017 folgende Formeln:[1]

- Zone 1 reicht bis 8820 EUR: Es ist keine Steuer fällig (Grundfreibetrag).
- Zone 2 reicht bis 13.769 EUR: Der Eingangssteuersatz beträgt 14 % und steigt linear an: *Einkommensteuer* $= (1007,27 * Y + 1400) * Y$. Dabei

---

[1]Will, Klaudia: https://www.finanz-tools.de/einkommensteuer/berechnung-formeln/2017.

wird Y wie folgt aus dem zu versteuernden Einkommen (zvE) berechnet:
$Y = (zvE - 8820)/10.000$

- Zone 3 reicht bis 54.057 EUR: Der Eingangssteuersatz beträgt 23,97 % und steigt linear an: Einkommensteuer $= (223,76 * Y + 2397) * Y + 939,57$. Hierbei gilt: $Y = (zvE - 13.769)/10.000$.
- Zone 4 reicht bis 256.303 EUR: Der Steuersatz beträgt 42 %: Die Einkommensteuer beträgt: $0,42 * zvE - 8.475,44$.
- Zone 5 beginnt mit 256.304 EUR: Der Steuersatz beträgt 45 %: Die Einkommensteuer beträgt: $0,45 * zvE - 16.164,53$.

Anstatt die obigen Formeln anzuwenden, kann die Höhe der Einkommensteuer aus der jeweiligen Steuertabelle (Grundtabelle oder Splittingtabelle) ausgelesen werden. Die gültige Steuertabelle können Sie sich bspw. auf http://www.einkommensteuertabelle.de/ anschauen.

▶ **Beispiel**
Fritz Fröhlich hat eine Glückssträhne und gewinnt einen großen Betrag im Lotto. Welche Auswirkungen hat dies auf die Einkommensteuer, die Fritz Fröhlich zu zahlen hat?
Antwort: Es gibt keine Auswirkungen. Die obige Aufzählung der Einkunftsarten ist abschließend. Gewinne im Glücksspiel haben keinen Einfluss auf die Höhe der Einkommensteuer.

2.4 Veranlagungsformen der Einkommensteuer

Das deutsche Steuerrecht kennt zwei Veranlagungsformen zur Erhebung der Einkommensteuer: Einzelveranlagung und Ehegattenbesteuerung.

Die *Einzelveranlagung* gilt für Ledige, Verwitwete, Geschiedene und für Ehegatten, bei denen die Voraussetzungen für die Ehegattenbesteuerung nicht gegeben sind. Zur Einzelveranlagung ist die Grundtabelle anzuwenden.

Die *Ehegattenbesteuerung* betrifft Ehegatten bzw. Lebenspartner, die unbeschränkt steuerpflichtig sind und nicht dauernd getrennt leben. Diese Voraussetzungen müssen zu Beginn des Veranlagungszeitraums vorgelegen haben oder im Laufe des Veranlagungszeitraums eingetreten sein. In diesem Fall besteht ein Wahlrecht, ob eine Zusammenveranlagungen (Splitting-Tabelle) oder eine Einzelveranlagung (Grundtabelle oder Splitting-Tabelle) durchgeführt werden soll.

▷ **Beispiel**

Karl Kraus erzielt 2017 ein zu versteuerndes Einkommen in Höhe von 50.000 EUR.

a) Recherchieren Sie die Einkommensteuerlast von Karl Kraus, wenn dieser ledig ist. b) Recherchieren Sie die Einkommensteuerlast von Karl Kraus, wenn dieser am 12. Dezember 2017 Rita Ringel heiratet, die über keine eigenen Einkünfte verfügt.

Antwort: a) Als lediger Steuerpflichtiger wird Karl Kraus nach der Grundtabelle versteuert. Er muss dann 12.561 EUR Einkommensteuer zahlen. b) Als verheirateter Steuerpflichtiger kann Karl Kraus mit Rita Ringel zusammenveranlagt werden. In diesem Fall beträgt die Einkommensteuer lediglich noch 7826 EUR.

▷ **Beispiel**

Frida Fleißig erzielt als ledige Steuerpflichtige 2017 ein zu versteuerndes Einkommen in Höhe von 300.000 EUR. Wie hoch ist ihre tarifliche Einkommensteuer anzusetzen?

Antwort: Die Berechnung der Steuerhöhe kann nach der folgenden Formel erfolgen:

$$300.000 \, EUR * 0,45 - 16.164,53 \, EUR$$

$$= 118.835 \, EUR \text{ (abgerundet auf volle Euro)}$$

Diese Formel greift ab einer Höhe des zu versteuernden Einkommens von 256.304 EUR (in 2017) bzw. 260.533 EUR (in 2018).

2.5 Gewinneinkünfte

2.5.1 Einkünfte aus Land- und Forstwirtschaft

Zu den Gewinneinkünften zählen die *Einkünfte aus Land- und Forstwirtschaft.* Diese erwirtschaften Betriebe, die Pflanzen oder Pflanzenteile mithilfe der Naturkräfte gewinnen. Dazu zählen auch der Weinbau und der Gartenbau. Außerdem gibt es Betriebe aus sonstiger land- und forstwirtschaftlicher Nutzung wie Imker oder Binnenfischer. Da bei Land- und Forstwirten gemäß des Einkommensteuergesetzes das Wirtschaftsjahr nicht dem Kalenderjahr entspricht, müssen jeweils zwei Wirtschaftsjahre zur Bestimmung der Einkünfte des Kalenderjahres anteilig herangezogen werden.

Die Freibeträge für Land- und Forstwirte betragen 900 EUR (Einzelveranlagung) bzw. 1800 EUR (Zusammenveranlagung). Sie gelten jedoch nur, wenn die Summe der Einkünfte 30.700 EUR (Einzelveranlagung) bzw. 61.400 EUR (Zusammenveranlagung) nicht übersteigt.

Hinweis: Bei nachhaltigem Zukauf fremder Erzeugnisse zur Weiterveräußerung liegt kein land- und forstwirtschaftlicher Betrieb, sondern ein Gewerbebetrieb vor. Dies gilt auch für den Fall, dass die Zahl der Vieheinheiten im Verhältnis zur Hektargröße Landfläche zu groß ist.

2.5.2 Einkünfte aus selbstständiger Arbeit

Ebenfalls zu den Gewinneinkünften zählen *Einkünfte aus selbstständiger Arbeit* gemäß § 18 Einkommensteuergesetz. Diese gliedern sich in Einkünfte aus freiberuflicher Tätigkeit und aus sonstiger selbstständiger Tätigkeit (Testamentsvollstrecker, Insolvenzverwalter, Aufsichtsratsmitglieder, Vermögensverwalter).

Freiberufliche Tätigkeiten (Abb. 2.2) gliedern sich in

- *qualifizierte Tätigkeiten* (wissenschaftlich, künstlerisch, schriftstellerisch, unterrichtend, erziehend),

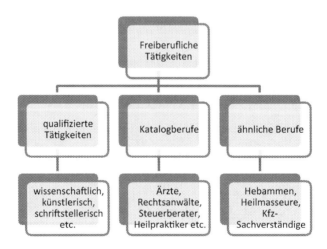

Abb. 2.2 Aufstellung freiberuflicher Tätigkeiten

- Tätigkeiten im Rahmen sogenannter *Katalogberufe* (z. B. Ärzte, Rechtsanwälte, Steuerberater, Heilpraktiker, Journalisten, Architekten, Dolmetscher, Übersetzer) und
- Tätigkeiten *ähnlicher Berufe* (z. B. Hebammen, Heilmasseure, Kfz-Sachverständige).

2.5.3 Einkünfte aus Gewerbebetrieb

Letztlich zählen auch *Einkünfte aus Gewerbebetrieb* zu den Gewinneinkunftsarten. Ein Gewerbebetrieb verlangt die Einhaltung folgender Merkmale:

- Selbstständigkeit,
- Nachhaltigkeit,
- Gewinnerzielungsabsicht,
- Beteiligung am allgemeinen wirtschaftlichen Verkehr.

Gleichzeitig darf es sich nicht um Land- und Forstwirtschaft bzw. selbstständige Tätigkeit im Sinne von § 18 Einkommensteuergesetz handeln.

Zur Ermittlung der Einkünfte aus Gewerbebetrieb sind Einkünfte aus gewerblichen Einzelunternehmen von Gewinnanteilen aus Personengesellschaften zu unterscheiden. Während die Einkünfte aus gewerblichen Einzelunternehmen dem alleinigen Gesellschafter zur Ermittlung der Einkommensteuer zuzurechnen sind, erfolgt bei den Personengesellschaften (z. B. GbR, OHG, KG) eine Zuordnung gemäß den Regelungen des Gesellschaftsvertrags. Sollte dieser keine Regelung vorsehen, gilt die Gewinnverteilung nach § 121 HGB. Demnach erhält der Gesellschafter zunächst 4 % seines Kapitalanteils. Darüber hinaus gehende Gewinne werden nach Köpfen aufgeteilt.

▷ **Beispiel**
Arnd, Berta und Carla sind mit 100.000 EUR, 200.000 EUR bzw. 700.000 EUR an der Wucher OHG beteiligt. Sie haben im abgelaufenen Geschäftsjahr einen Gewinn von 100.000 EUR erwirtschaftet. Teilen Sie den Gewinn der § 121 HGB auf die drei Gesellschafter auf.

Antwort: Zunächst erhält jeder der drei Gesellschafter eine 4 %-ige Kapitalverzinsung, also 4000 EUR für Arnd, 8000 EUR für Berta und 28.000 EUR für Carla. Die dann noch verbleibenden 60.000 EUR werden nach Köpfen verteilt, sodass jeder Gesellschafter 20.000 EUR erhält. Somit stehen Arnd insgesamt 24.000 EUR, Berta 28.000 EUR und Carla 48.000 EUR Gewinnanteil zu.

Wenn die Gesellschafter Vergütungen für Tätigkeiten im Dienste der Gesellschaft, Zinsen für die Bereitstellung eines Darlehens oder Miet- bzw. Pachteinnahmen für die Überlassung von Gütern erhalten haben, erhöhen diese die einkommensteuerrechtlichen Einkünfte der Gesellschafter aus Gewerbebetrieb, bei Miet- und Pachteinnahmen jedoch abzüglich der damit in Verbindung zu bringenden Aufwendungen.

2.6 Überschusseinkünfte

Bei den Überschusseinkünften aus Vermietung und Verpachtung, aus nichtselbstständiger Arbeit und bei den sonstigen Einkünften berechnen sich die Einkünfte aus der Differenz von Einnahmen und Werbungskosten (Abb. 2.3).

In diesem Zusammenhang handelt es sich bei den *Einnahmen* um alle Güter, die in Geld oder in Geldwerten bestehen und dem Steuerpflichtigen im Rahmen der Überschusseinkünfte zufließen.

Einen Teil der Einnahmen hat der Gesetzgeber bewusst steuerfrei gesetzt. Dazu zählen Leistungen aus der Krankenversicherung, der Pflegeversicherung oder der gesetzlichen Unfallversicherung. Außerdem sind bspw. auch Mutterschafts-, Arbeitslosen- und Kurzarbeitergeld, Arbeitslosenhilfe und Existenzgründerzuschüsse steuerfrei. Weitere steuerfreie Einnahmen sind außerdem zum Beispiel Reisekostenvergütungen, Aufwandsentschädigungen für bestimmte nebenberufliche Tätigkeiten, soweit sie einen Freibetrag von 2400 EUR im Jahr nicht überschreiten, die private Nutzung von betrieblichen PCs oder Mobilfunkgeräten, Trinkgelder nach § 3 Nr. 51 Einkommensteuergesetz bzw. typische Berufsbekleidung, die der Arbeitgeber dem Arbeitnehmer überlässt.

Zu den *Werbungskosten* gehören Aufwendungen, die zum Erwerb der Einnahmen, zur Sicherung der Einnahmen und zur Erhaltung der Einnahmen anfallen. Werbungskosten sind immer der Einkunftsart zuzurechnen, mit der sie in Verbindung stehen. Typische Werbungskosten (ausgewählte Beispiele) sind

Abb. 2.3 Berechnung der Überschusseinkünfte

Einnahmen   Werbungskosten

Beiträge zu Berufsverbänden, Kosten für die Wege zwischen Wohnung und erster Tätigkeitsstelle, Aufwendungen für Arbeitsmittel, ggf. Aufwendungen für ein häusliches Arbeitszimmer, Schuldzinsen für eine Finanzierung oder Absetzungen für Abnutzung (Abschreibungen). Auch Steuerberatungskosten, die sich auf die Ermittlung der Einkünfte beziehen, sind bei Überschusseinkunftsarten Werbungskosten, das reine Ausfüllen der Steuererklärung oder die Beratung hinsichtlich steuerlicher Kinderfragen sind dagegen Kosten der privaten Lebensführung und nicht steuerlich zu berücksichtigen.

2.6.1 Einkünfte aus nichtselbstständiger Arbeit

Von besonderer Bedeutung für die Bestimmung der Einkommensteuer sind die *Einkünfte aus nichtselbstständiger Arbeit,* die von Arbeitnehmern bezogen werden. Alle Einnahmen, die dem Arbeitnehmer aus dem Dienstverhältnis heraus zufließen, heißen Arbeitslohn. Zum Arbeitslohn zählen nach § 19 Abs. 1 des Einkommensteuergesetzes der Bruttolohn bzw. das Bruttogehalt, Gratifikationen und Tantieme, Witwen- und Waisengelder sowie andere Bezüge oder geldwerte Vorteile. Nicht zum Arbeitslohn gehören bspw. Zuwendungen bei einer Betriebsveranstaltung bis zu einem maximalen Freibetrag von 110 EUR pro teilnehmenden Arbeitnehmer, Sachzuwendungen (z. B. Geschenke) bis zu einer Freigrenze von 60 EUR oder betriebliche Fort- und Weiterbildungskosten.

Aus der Bruttovergütung lässt sich die *Nettovergütung* berechnen, die dem Arbeitnehmer ausgezahlt wird, indem von der Bruttovergütung die einbehaltene Lohnsteuer und der einbehaltene Solidaritätszuschlag sowie die einbehaltene Kirchensteuer und die Arbeitnehmeranteile an der Sozialversicherung subtrahiert werden. Bei einem Bruttomonatsverdienst von 2500 EUR ergibt sich dann (abhängig vom Familienstand und der gewählten Steuerklasse) ein Nettomonatsverdienst von gut 1600 EUR. Die Lohnsteuer ist dabei eine *vorweggenommene Einkommensteuer,* die direkt vom Arbeitgeber einbehalten und an die Finanzkasse abgeführt wird.

Gewährt der Arbeitgeber dem Arbeitnehmer einen Zuschuss für die Fahrten zwischen dessen Wohnung und der ersten Tätigkeitsstelle, kann der Arbeitgeber von einem Pauschalsteuersatz von 15 % der Fahrtkostenzuschüsse Gebrauch machen, aber nur bis zu dem Betrag, der gemäß des Einkommensteuergesetzes als Werbungskosten angesetzt werden könnte (derzeit 30 Cent pro Kilometer einfache Strecke). Die pauschale Steuer ist vom Arbeitgeber aufzubringen. Für den Arbeitnehmer entfällt in diesem Fall der Werbungskostenabzug für die Fahrtkosten.

▶ **Beispiel**

Bei 230 Arbeitstagen im Jahr gewährt ein Arbeitgeber bei einer Fahr-
strecke von 30 km (einfache Entfernung) seinem Arbeitnehmer einen
Fahrkostenzuschuss von 50 Cent pro km.

a) Wie hoch ist der steuerpflichte Betrag für den Arbeitnehmer,
wenn der Arbeitgeber auf die Pauschalisierung verzichtet. b) Wie hoch
ist der steuerpflichtige Betrag für den Arbeitnehmer, wenn der Arbeitgeber auf die Pauschalisierung zurückgreift.

Antwort: a) Der Fahrkostenzuschuss erhöht die steuerpflichtigen
Einnahmen pro Jahr um: 230 Tage* 30 km pro Tag* 0,5 EUR pro km =
3450 EUR. Diese unterliegen dem Regelsteuersatz des Arbeitnehmers.
Die abzugsfähigen Werbungskosten betragen in diesem Fall: 30 Tage*
30 km pro Tag* 0,3 EUR pro km = 2070 EUR.

b) Die pauschale Steuer greift auf den Anteil von 2070 EUR,
die als Werbungskosten abzugsfähig wären und beträgt somit:
2070 EUR * 0,15 = 310,50 EUR. Sie ist vom Arbeitgeber aufzubringen.
Der Fahrtkostenzuschuss, der über die 2070 EUR hinausgeht, also
1380 EUR unterliegen der Regelbesteuerung des Arbeitnehmers, ohne
dass dieser noch Werbungskosten in Abzug bringen kann.

Überlässt der Arbeitgeber dem Arbeitnehmer ein Kraftfahrzeug zu dessen privater
Nutzung, dann muss der Arbeitnehmer für seine Privatfahrten monatlich 1 % des
inländischen Listenpreises (ohne Rabatte, aber zuzüglich Zuschläge für Sonder-
ausstattung und inklusive Umsatzsteuer) für ein Neufahrzeug als geldwerten Vorteil ansetzen. Benutzt der Arbeitnehmer das Fahrzeug auch für Fahrten zwischen
Wohnung und erster Tätigkeitstrecke kommen weitere 0,03 % pro Entfernungskilometer hinzu. Alternativ kann mit tatsächlichen Aufwendungen gerechnet werden. In diesem Fall ist ein Fahrtenbuch zu führen und alle Aufwendungen (z. B.
für Kraftstoffe, Reparaturen) sind mit Belegen nachzuweisen. Für Elektrofahr-
zeuge gelten Sonderregelungen.

▶ **Beispiel**

Ein Arbeitgeber überlässt einem Arbeitnehmer ein Dienstfahrzeug
mit einem Bruttolistenpreis von 30.000 EUR für die private Nutzung,
die die Fahrten von der Wohnung zu ersten Tätigkeitsstelle (20 Entfernungskilometer) mit einschließt. Wie hoch ist der geldwerte Vorteil
nach der Prozentregelung pro Monat?

$$30.000 \, EUR * 1\% pro \, Monat = 300 \, EUR \, pro \, Monat$$

$$20 \, km * 0,03\% * 30.000 \, Euro = 180 \, Euro \, pro \, Monat$$

Der zu versteuernde geldwerte Vorteil beträgt somit insgesamt 480 EUR. Bei einem Einkommensteuersatz (inkl. Solidaritätszuschlag) von 30 % kostet das Auto den Arbeitnehmer damit 144 EUR pro Monat.

Werbungskostenpauschale Macht ein Arbeitnehmer keine tatsächlichen Werbungskosten geltend, kann er bei der Ermittlung der Einkünfte aus nichtselbstständiger Arbeit einen Arbeitnehmer-Pauschbetrag von 1000 EUR gelten machen. Für Empfänger von Versorgungsbezügen gelten andere Werte.

Werbungskosten für Fahrten zwischen Wohnung und erster Tätigkeitsstelle Macht der Arbeitnehmer anstatt der Werbungskostenpauschale seine tatsächlichen Werbungskosten geltend, kann er als Entfernungspauschale für die Fahrten von der Wohnung zur ersten Tätigkeitsstelle 30 Cent pro Entfernungskilometer und Arbeitstag geltend machen. Übt der Arbeitnehmer seine Tätigkeit an mehreren Tätigkeitsstellen aus, kann der Arbeitgeber eine erste Tätigkeitsstelle festlegen. Alternativ gilt die nahegelegene Tätigkeitsstelle als erste Arbeitsstelle. Die Entfernungspauschale ist in einigen Fällen auf maximal 4500 EUR pro Jahr begrenzt.

> **Beispiel** An 200 Arbeitstagen im Jahr überwindet ein Arbeitnehmer 20 Entfernungskilometer zwischen Wohnung und erster Arbeitsstätte. In diesem Fall kann der Arbeitnehmer 200 *Tage* * 20 *km pro Tag* * 0, 30 *EUR pro km* = 1200 *EUR* als Werbungskosten geltend machen.

Werbungskosten für Arbeitsmittel Arbeitsmittel im Sinne des Einkommensteuergesetzes sind Wirtschaftsgüter, die ganz oder zumindest ganz überwiegend der beruflichen Tätigkeit dienen. Hierzu zählen z. B. typische Berufskleidung, für die es keine private Verwendung gibt, Werkzeuge, Fachliteratur, Büromaterial, Software, Bücherregale etc. Diese können als geringwertige Wirtschaftsgüter (Preisgrenze 2017: 410 EUR zuzüglich Umsatzsteuer) im Jahr der Anschaffung als Werbungskosten verrechnet werden. Bei Gütern über der Wertgrenze erfolgt eine Abschreibung über die Nutzungsdauer.

Werbungskosten für häusliche Arbeitszimmer Werbungskosten für häusliche Arbeitszimmer können nur dann geltend gemacht werden, wenn für die berufliche Tätigkeit kein anderer Arbeitsplatz zur Verfügung steht. Dies gilt z. B. für Lehrer, die in der Regel in den Schulen kein eigenes Arbeitszimmer haben.

Die Höhe der abziehbaren Aufwendungen ist auf maximal 1250 EUR pro Jahr
begrenzt, allerdings nur in der Höhe, in der sie auch nachgewiesen werden können. Zusätzlich muss der Raum bestimmte Anforderungen erfüllen (z. B. kein
Durchgangszimmer), damit er überhaupt als Arbeitszimmer einkommensteuerrechtlich anerkannt werden kann.

Sonstige Werbungskosten Zu den sonstigen Werbungskosten zählen
Bewerbungskosten, Fortbildungskosten, Gewerkschaftsbeiträge oder bspw.
Kontoführungsgebühren (bis 16 EUR ohne Nachweis).

Versorgungsfreibetrag Erhält ein (ehemaliger) Arbeitnehmer Versorgungsbezüge (Beamtenpensionen oder Betriebspensionen), kann der Steuerpflichtige
einen Versorgungsfreibetrag von den Versorgungsbezügen subtrahieren. Diese
betragen für das Versorgungseintrittsjahr 2017 20,8 % der Versorgungsbezüge,
höchstens jedoch 1560 EUR. Der Versorgungsfreibetrag wird derzeit jährlich
reduziert, bis er zum Jahr 2040 vollständig entfällt.

2.6.2 Einkünfte aus Kapitalvermögen

Einkünfte aus Kapitalvermögen werden insofern besonders berücksichtigt, als
dass sie nicht mit den anderen Einkunftsarten verrechnet werden, sondern indivi-
duell zu besteuern sind. Somit gilt für Einkünfte aus Kapitalvermögen ein anderer
Steuersatz als für den Rest der Einkünfte.

Zur Bestimmung der steuerpflichtigen Kapitaleinkünfte (Abb. 2.4) sind
zunächst laufende Einkünfte (z. B. Zinsen, Dividenden) und Veräußerungsgewinne (z. B. aus dem Handel mit Wertpapieren) zu addieren. Von der Summe
ist der Sparerfreibetrag (801 EUR pro Jahr) zu subtrahieren. Auf die Differenz
ist der einheitliche Steuersatz von 25 % (zuzüglich Solidaritätszuschlag, ggf.
zuzüglich Kirchensteuer) anzuwenden. Die Steuer wird möglichst direkt bei der
Quelle erhoben (den inländischen Banken und Kreditinstituten). Es handelt sich
somit um eine *Abgeltungssteuer,* d. h. die einbehaltene Kapitalertragsteuer hat
abgeltende Wirkung (der Steuerpflichtige ist seiner Steuerpflicht nachgekommen).

Abb. 2.4 Berechnung der steuerpflichtigen Kapitaleinkünfte

Übrigens, Veräußerungsgewinne sind nur dann in den Bereich der Abgeltungssteuer einzubeziehen, wenn die Wirtschaftsgüter nach dem 31.12.2008 erworben wurden. Sollte keine unmittelbare Abgeltung möglich sein, weil der Steuerpflichtige z. B. sein Geld bei einer ausländischen Bank angelegt hat, muss der Steuerpflichtige diese Kapitalerträge im Rahmen seiner Einkommensteuererklärung angeben. Tipp: Für alle Aktienkäufe ab dem 01.01.2009 gilt: Veräußerungsverluste aus dem Verkauf von Aktien können nur mit Veräußerungsgewinnen aus dem Verkauf von Aktien verrechnet werden. Reichen die Gewinne nicht aus, um die Verluste vollständig auszugleichen, erfolgt ein Verlustvortrag (des Rest-Verlustes) auf das kommende Jahr.

2.6.3 Einkünfte aus Vermietung und Verpachtung

Zu den *Einkünften aus Vermietung und Verpachtung* zählen Mieteinnahmen (z. B. für Grundstücke, Wohnungen, Gebäude, Werbeflächen etc.) und Umlagen, die noch nicht in der Miete enthalten sind (z. B. für Müllabfuhr oder Straßenreinigung). Von diesen Einkünften sind die Werbungskosten zu subtrahieren.

Die *Werbungskosten* umfassen bei den Einkünften aus Vermietung und Verpachtung bspw. Schuldzinsen, Aufwendungen für Instandsetzungen und Reparaturen oder Absetzungen für Abnutzung (Abschreibungen). Aber auch die gezahlte Grundsteuer, Müllabfuhrgebühren oder Beiträge zu Versicherungen, die mit dem vermieteten Objekt in Verbindung stehen, zählen zu den Werbungskosten.

Hinweis: Gebäude des Betriebsvermögens, die nicht zu Wohnzwecken dienen und nach dem 31.03.1985 fertiggestellt wurden, sind jährlich mit 3 % der Anschaffungs- und Herstellungskosten abzuschreiben. Für alle anderen Gebäude (auch Wohngebäude) gilt ein Satz von 2 % der Anschaffungs- und Herstellungskosten (außer Gebäude vor dem 01.01.1925: 2,5 %)

▶ **Beispiel**
Eine Wohnung mit Anschaffungskosten von 100.000 EUR wird zu 7200 EUR pro Jahr vermietet. Für die Finanzierung der Wohnung fallen Schuldzinsen von 2200 EUR pro Jahr an. Außerdem entstand ein Reparaturaufwand von 1500 EUR. Wie hoch ist der steuerpflichtige Gewinn aus Vermietung und Verpachtung?
Antwort: Von den 7200 EUR Mieteinnahmen sind 2200 Schuldzinsen, 1500 EUR Reparaturaufwand und 2000 EUR Abschreibungen zu subtrahieren, sodass 1500 EUR steuerpflichtig verbleiben.

2.6.4   Sonstige Einkünfte

Das Einkommensteuergesetz kennt auch noch *sonstige Einkünfte*. Hier zählen Einkünfte aus Abgeordnetenbezügen, Einkünfte aus Altersvorsorgeverträgen, erhaltene Unterhaltsleistungen oder Leibrenten und Einkünfte aus privaten Veräußerungsgeschäften (z. B. Verkauf von Grundstücken in weniger als 10 Jahren nach dem Ankauf, Verkauf von Sammlerobjekten in weniger als 1 Jahr nach dem Ankauf). Für alle Arten der sonstigen Einkünfte gelten besondere Erfassung- und Verrechnungsvorschriften. So sind bspw. maximal 13.805 EUR Unterhaltsleistungen pro Jahr einkommensteuerpflichtig.

2.7   Sonderausgaben

Bei der Berechnung des zu versteuernden Einkommens sind letztlich auch *Sonderausgaben* (Abb. 2.5) zu berücksichtigen. Hierzu zählen vor allem Altersvorsorgeaufwendungen und sonstige Vorsorgeaufwendungen.

Ein typisches Beispiel für die Altersvorsorgeaufwendungen sind die Beiträge zur gesetzlichen Rentenversicherung. Zu deren Berücksichtigung ist ein recht kompliziertes Berechnungsschema anzuwenden, welches der „normale" Steuerpflichtige in aller Regel in Detail nicht kennt.

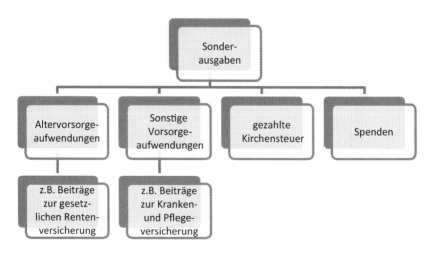

Abb. 2.5 Sonderausgaben

Zu den sonstigen Vorsorgeaufwendungen zählen z. B. die Beiträge zur Kranken- und zur Pflegeversicherung. Auch Beiträge für Auslandskranken- oder Krankentagegeldversicherungen zählen dazu. Bei privaten Krankversicherungen erfolgt jedoch eine Einschränkung auf die Leistung, die auch einem gesetzlich versicherten Steuerpflichtigen zustehen, sodass die Krankenversicherungsgesellschaft hier den steuerlich anerkannten Teil des Beitrags gesondert ausweisen muss. Hinzu kommen noch weitere Vorsorgeaufwendungen, z. B. für die Haftpflichtversicherung, die Unfallversicherung oder für Risikolebensversicherungen. Klassische Sachversicherungen wie eine Hausratversicherung oder eine Diebstahlversicherung zählen jedoch nicht dazu.

Vorsorgeaufwendungen (ohne Altersvorsorgeaufwendungen) sind meist nur bis zu einer maximalen Höhe von 1900 EUR abzugsfähig. Für einen bestimmten Personenkreis gilt ein Höchstbetrag von 2800 EUR.

Auch die *gezahlte Kirchensteuer* ist als Sonderausgabe abzugsfähig. Außerdem sind Kinderbetreuungskosten als Sonderausgaben abzugsfähig, allerdings müssen dazu bestimmte Bedingungen erfüllt sein. So darf das Kind bspw. das 14. Lebensjahr noch nicht vollendet haben. Des Weiteren sind Berufsausbildungskosten bis zu 6000 EUR pro Jahr abzugsfähig. Allerdings darf die Berufsausbildung nicht im Zusammenhang mit einer bereits erfolgten Erstausbildung stehen, da es sich dann um Werbungskosten und nicht um Sonderausgaben handelt.

Letztlich sollen auch noch Spenden als abzugsfähig genannt werden. Allerdings ist auch die Abzugsfähigkeit der Höhe nach begrenzt (z. B. auf maximal 20 % des Gesamtbetrags der Einkünfte).

2.8 Außergewöhnliche Belastungen

Zu den außergewöhnlichen Belastungen zählen beispielsweise zu zahlende Unterhaltsleistungen, der Ausbildungsfreibetrag (für Kinder im Haushalt) oder Belastungen aufgrund von einer Behinderung. Darüber hinaus sind Einzelfälle wie Ehescheidungen oder Todesfälle zu berücksichtigen. Auch im Fall der außergewöhnlichen Belastungen gibt es zahlreiche Sonderregelungen für die einzelnen Belastungsarten, auch im Hinblick auf die Zumutbarkeit der Belastung.

Solidaritätszuschlag 3

> Ursprünglich sollte der Solidaritätszuschlag ein befristeter Zuschlag auf die Einkommen- und Körperschaftsteuer sein. Inzwischen hat er bereits sein 25-jähriges Jubiläum gefeiert. Mit einem Steueraufkommen von über 15 Mrd. EUR jährlich stellt der Soli, wie er umgangssprachlich genannt wird, einen wichtigen Baustein der Staatsfinanzierung dar. Lernen Sie in diesem Kapitel seine Funktionsweise und seine Berechnungsweise kennen.

Der *Solidaritätszuschlag* ist eine Ergänzungsabgabe zur Einkommen- und Körperschaftsteuer. Der „Soli" wurde 1991 befristet auf ein Jahr eingeführt, um die „Mehrbelastungen […] aus dem Konflikt am Golf […] auch für die Unterstützung der Länder in Mittel-, Ost- und Südeuropa […] und den Kosten der deutschen Einheit" zu finanzieren. Seit dem Jahr 1995 wurde der Solidaritätszuschlag schließlich (unbefristet) zur Finanzierung der Kosten der deutschen Einheit eingeführt.

Seit 1998 beträgt nach § 4 des Solidaritätszuschlaggesetzes der Solidaritätszuschlag 5,5 % der Einkommen- und Körperschaftsteuer, wobei der „Soli" lediglich dem Bund zusteht.

Allerdings gestaltet sich die Berechnung der Steuer dann doch nicht so einfach, wie es zunächst klingt. Denn die Steuer wird erst erhoben, wenn die Einkommensteuer (bzw. die Lohnsteuer in den Lohnsteuerklassen I, II und IV bis VI) mehr als 972 EUR pro Jahr beträgt. Bei der Zusammenveranlagung (bzw. in der Lohnsteuerklasse III) gilt entsprechend eine Einkommensteuer von 1944 EUR pro Jahr als Grenzwert. Dies entspricht einem Bruttoeinkommen von 1522 EUR pro Monat in der Lohnsteuerklasse I bzw. 2878 EUR pro Monat in der Lohnsteuerklasse III. Oberhalb dieser Grenze liegt der durchschnittliche

© Springer Fachmedien Wiesbaden GmbH, ein Teil von Springer Nature 2019
S. Georg, *Basiswissen betriebliche Steuerlehre,* essentials,
https://doi.org/10.1007/978-3-658-23827-8_3

Solidaritätszuschlagssatz zunächst unter 5,5 % und erreicht erst bei etwa 1700 EUR pro Monat in der Lohnsteuerklasse I oder 3200 EUR pro Monat in der Lohnsteuerklasse III diesen Höchstsatz.

Zusätzlich sind bei der Berechnung des zugrunde gelegten zu versteuernden Einkommens auch Kinderfreibeträge zu berücksichtigen.

Längst ist die Existenz des Solidaritätszuschlags in Politik und Wirtschaft umstritten. Auch der Deutsche Bundestag musste sich bereits mit einem Antrag auf Abschaffung befassen.[1]

---

[1]Deutscher Bundestag: http://dip21.bundestag.de/dip21/btd/19/011/1901179.pdf.

Umsatzsteuer

4

Die Umsatzsteuer, oft auch als Mehrwertsteuer bezeichnet, gewährt zusammen mit der Einfuhrumsatzsteuer dem Staat Jahreseinnahmen von über 220 Mrd. EUR. Damit ist sie eine tragende Säule der Staatsfinanzierung. Informieren Sie sich in diesem Kapitel über die umsatzsteuerrechtlichen Grundlagen. Lernen Sie die einzelnen Steuersätze kennen, und betrachten Sie die Umsatzsteuer im internationalen Vergleich. Vor allem aber erkennen Sie die Komplexität dieser scheinbar einfachen Steuerart. Unterscheiden Sie hierzu zwischen Unternehmen und Unternehmern. Betrachten Sie außerdem die Bedeutung des Vorsteuerabzugs, und lernen Sie die Konzeption und Funktionsweise der Einfuhrumsatzsteuer kennen.

4.1 Umsatzsteuerliche Grundlagen

Die *Umsatzsteuer* ist eine *Gemeinschaftsteuer* (Aufteilung zwischen Bund und Ländern), eine *Verkehrsteuer* (betrifft Rechtsgeschäfte des täglichen Lebens) und eine *indirekte Steuer* (Steuerschuldner und Steuerträger sind nicht identisch).

Rechtsgrundlage der Umsatzsteuer sind das Umsatzsteuergesetz, die Abgaben- und die Umsatzsteuer-Durchführungsverordnung.

Das Gesetz trennt nicht steuerbare Umsätze von steuerbaren Umsätzen (Abb. 4.1). Nicht steuerbare Umsätze sind beispielsweise Privatverkäufe.

In der Folge werden die steuerbaren Umsätze betrachtet. Dabei handelt es sich um Leistungen, Einfuhren und sogenannte innergemeinschaftliche Erwerbsvorgänge. Allerdings kennt das Umsatzsteuergesetz auch bei den steuerbaren Umsätzen steuerfreie Umsätze (§ 4 Umsatzsteuergesetz), die sich in steuerfreie Umsätze mit Vorsteuerabzug (§ 4 Nr. 1–7) und steuerfreie Umsätze ohne Vorsteuerabzug (§ 4 Nr. 8 ff.) untergliedern. Für die steuerpflichtigen Umsätze ist

© Springer Fachmedien Wiesbaden GmbH, ein Teil von Springer Nature 2019
S. Georg, *Basiswissen betriebliche Steuerlehre,* essentials,
https://doi.org/10.1007/978-3-658-23827-8_4

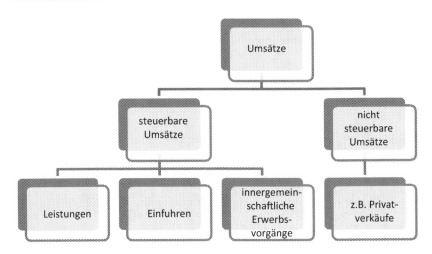

Abb. 4.1 Gliederung der Umsätze

eine Bemessungsgrundlage zu identifizieren (§ 10 Umsatzsteuergesetz), die mit dem Steuersatz (§ 12 Umsatzsteuergesetz) zu multiplizieren ist, woraus sich die Umsatzsteuer ergibt. Aus der Subtraktion dieser Umsatzsteuer mit der bereits geleisteten Vorsteuer (§ 15 Umsatzsteuergesetz) ergibt sich die tatsächliche Zahllast bzw. Erstattung.

4.2   Steuersätze und Bemessungsgrundlage

Das deutsche *Umsatzsteuerrecht* kennt den *allgemeinen* und den *ermäßigten Steuersatz* (Abb. 4.2). Der allgemeine Steuersatz beträgt seit dem 1. Januar 2007 19 %. In bestimmten Fällen greift jedoch der ermäßigte Steuersatz von derzeit 7 %. Die Warengruppe, für die der ermäßige Steuersatz gilt, ist in Anlage 2 zum Umsatzsteuergesetz aufgeführt. Beispielsweise handelt es sich dabei um lebende Tiere, land- und fortwirtschaftliche Erzeugnisse, eine Reihe von Lebensmitteln, Waren des Buchhandels, bestimmte Medizinprodukte (z. B. Rollstühle), den Verkauf von Speisen und Getränken zur Mitnahme oder Beförderungsleistungen bei bestimmten Beförderungsmitteln (Taxi, Deutsche Bahn AG).

Abb. 4.2 Steuersatz

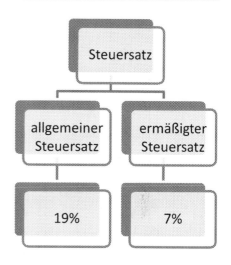

▷ **Beispiel** Sie bestellen in einem Fastfood-Restaurant einen Burger zum Mitnehmen, für den Sie 7,49 EUR bezahlen. Wie hoch ist der Umsatzsteueranteil im Preis?

Antwort: Wenn Sie den Burger mitnehmen, greift der ermäßigte Steuersatz von 7 %. In diesem Fall beträgt der Umsatzsteueranteil 0,49 EUR (7 % von 7 EUR). Sollten Sie dagegen den Burger vor Ort verspeisen, sind in den 7,49 EUR 19 % Umsatzsteuer enthalten, sodass dem Fastfood-Restaurant keine 7 EUR netto, sondern nur noch 6,29 EUR verbleiben.

In einigen europäischen Ländern gibt es zusätzlich weitere Steuersätze, z. B. für Dienstleistungen. Außerdem wird teilweise zwischen ermäßigten und stark ermäßigten Steuersätzen unterschieden. In der EU besteht zudem die Regelung, dass der reguläre Umsatzsteuersatz mindestens 15 % betragen muss, der reduzierte Umsatzsteuersatz mindestens 5 %. Obergrenzen sind nicht gesetzt. Außerdem darf es immer auch einen Nullsteuersatz geben.

Die Bemessungsgrundlage für Lieferungen, sonstige Leistungen und beim innergemeinschaftlichen Erwerb liefert das Entgelt. Zum Entgelt gehört alles, was der Leistungsempfänger aufbringen muss, um die Leistungen zu enthalten, jedoch abzüglich der Umsatzsteuer.

Tab. 4.1 Umsatzsteuersätze der Länder

Land	Normal	Zwischen	Ermäßigt	Dienstleistung	Nullsatz
Dänemark	25				Ja
Deutschland	19		7		Ja
Frankreich	20	10	5,5/2,1		Nein
Griechenland	24		13	6	Ja
Italien	22	10	5/4		Nein
Luxemburg	17	14	8/3		Nein
Niederlande	21		6		Nein
Österreich	20	13	10		Ja
Schweden	25		12	6	Ja
Spanien	21		10/4		Nein
EU-Minimum	17	10	5/2,1	5	
EU-Maximum	27	15	18/6	12	

Die Bemessungsgrundlage für die unentgeltlichen Leistungen ist der Einkaufspreis zuzüglich der Nebenkosten. Falls der Einkaufspreis nicht ermittelbar ist, werden die Selbstkosten herangezogen.

Tab. 4.1 zeigt Ihnen ausgewählte Umsatzsteuersätze europäischer Ländern (Quelle: https://de.wikipedia.org/wiki/Umsatzsteuer):

In einigen Ländern gibt es ähnlich wie in Deutschland Sonderregelungen für bestimmte Regionen, z. B. in Spanien für die Kanarischen Inseln.

4.3   Vorsteuerabzug

Bei der Umsatzsteuer handelt es sich um eine Allphasen-Netto-Umsatzsteuer mit Vorsteuerabzug. Betrachten Sie dazu das folgende Beispiel:

Unternehmer A verkauft eine Leistung für 100 EUR (netto) an Unternehmer B. Dieser Verkauft die Leistung für 150 EUR (netto) an Unternehmer C weiter.

Unternehmer A berechnet dann eine Umsatzsteuer in Höhe von 19 % auf den Nettoverkaufsbetrag von 100 EUR, somit also 19 EUR. Unternehmer B zahlt somit beim Kauf 119 EUR.

Unternehmer B berechnet eine Umsatzsteuer von 19 % auf seinen Verkaufsbetrag von 150 EUR, somit also 28,50 EUR. Folglich stellt er dem Unternehmen

C insgesamt 178,50 EUR in Rechnung. Er muss aber nicht die vollen 28,50 EUR an das Finanzamt abführen, sondern er kann die selbst gezahlte Umsatzsteuer von 19 EUR als Vorsteuer geltend machen und zahlt nur die Differenz in Höhe von 9,50 EUR an das Finanzamt. Insofern handelt es sich um eine echte *Mehrwertsteuer.* Unternehmer C wird schließlich die bereits gezahlten 28,50 EUR als Vorsteuer geltend machen können.

Damit die Vorsteuer abziehbar ist, muss sie ordnungsgemäß auf der Rechnung ausgewiesen sein. Eine Ausnahme bilden Kleinbetragsrechnungen und Fahrausweise. Hier genügt es, dass der Vorsteuerabzugsberechtigte den Rechnungsbetrag in Entgelt und Steuerbetrag aufteilt. Für Reisekosten gelten besondere Regelungen.

Umsatzsteuer stellen nur Unternehmer in Rechnung. Aber wer ist eigentlich Unternehmer?

4.4 Unternehmer und Unternehmen

Im Sinne des Umsatzsteuergesetzes (§ 2 Abs. 1 Satz 1) ist ein Unternehmer, wer eine gewerbliche oder berufliche Tätigkeit selbstständig ausübt. Das können natürliche Personen (Einzelkaufleute), Personengesellschaften (GbR, OHG, KG) und juristische Personen (GmbH, AG) sein.

Die Selbstständigkeit (Abb. 4.3) verlangt, dass die Tätigkeit auf eigene Rechnung und auf eigene Verantwortung ausgeübt wird. Gewerblich bzw. beruflich ist jede nachhaltige Tätigkeit, die der Erzielung von Einnahmen dient. Und die Nachhaltigkeit ist gegeben, wenn die Tätigkeit auf Dauer ausgeübt wird.

Die gesamte gewerbliche oder berufliche Tätigkeit des Unternehmers heißt *Unternehmen.* Deshalb kann ein Unternehmer immer nur ein Unternehmen

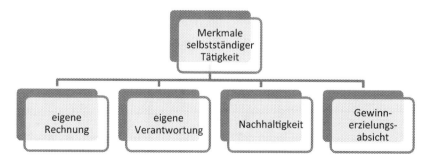

Abb. 4.3 Merkmale selbstständiger Tätigkeit

Abb. 4.4 Merkmale von
Kleinunternehmen

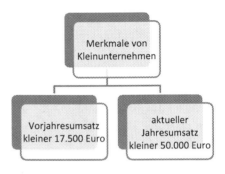

haben. Hat ein Unternehmer mehrere Betriebe, so bilden diese doch nur ein Unternehmen. Umsätze zwischen den Betrieben sind dann sogenannte Innenumsätze, die nicht steuerbar sind.

> **Beispiel** Ein Konditormeister betreibt neben seiner Konditorei auch noch ein Café. Diese beiden Betriebe bilden umsatzsteuerrechtlich *ein* Unternehmen. Das bedeutet, dass Warenlieferungen von der Konditorei an das Café umsatzsteuerlich nicht relevant sind.

Eine besondere Bedeutung kommt den *Kleinunternehmen* (Abb. 4.4) zu. Denn nach § 19 Abs. 1 des Umsatzsteuergesetzes ist für Lieferungen und sonstige Leistungen keine Umsatzsteuer zu erheben, wenn der Umsatz im vorangegangenen Jahr 17.500 EUR nicht überschritten hat und im laufenden Kalenderjahr voraussichtlich 50.000 EUR nicht überschreiten wird. Jedoch müssen auch Kleinunternehmer die umsatzsteuerlichen Vorschriften zur Erstellung von Rechnungen erfüllen. Vor allem dürfen sie in ihren Rechnungen nur den Bruttowert des Rechnungsbetrages ohne die Angabe von Umsatzsteuersätzen oder einer Umsatzsteuer aufführen. Außerdem muss ein Kleinunternehmer auf jeder Rechnung vermerken, dass die Umsatzsteuer gem. § 19 Umsatzsteuergesetz nicht ausgewiesen wird.

4.5   Leistungen

Wie bereits erwähnt, unterliegen *Leistungen* der Umsatzsteuer. Dabei handelt es sich um Lieferungen und sonstige Leistungen, die ein Unternehmer im Rahmen seines Unternehmens gegen Entgelt im Inland erbringt.

   Als *Lieferung* wird jede Leistung bezeichnet, durch die ein Unternehmer dem Abnehmer der Lieferung die Verfügungsmacht über den Gegenstand verschafft.

Das *Inland* umfasst die Bundesrepublik Deutschland, außer bspw. der Gemeinde Büsingen am Hochrhein, der Insel Helgoland, Freihäfen und deutschen Schiffen und Luftfahrzeugen in Gebieten, die keinem Zollgebiet gehören. Es gibt auch *unentgeltliche Lieferungen*, die den entgeltlichen Lieferungen gleich gestellt sind. Dabei handelt es sich z. B. um die Entnahme eines vorsteuerabzugsberechtigten Gegenstandes durch einen Unternehmer aus seinem Unternehmen für Zwecke außerhalb des Unternehmens.

▷ **Beispiel** Ein Unternehmer überführt ein Fahrzeug, das er drei Jahre zuvor für 20.000 EUR (netto) von einem Kraftfahrzeughändler für sein Unternehmen gekauft hat, nun in sein Privatvermögen. Da der Kauf des Fahrzeugs vorsteuerabzugsberechtigt war, ist die Überführung des Fahrzeugs ins Privatvermögen (Zweck außerhalb des Unternehmens) steuerbar.

Auch unentgeltliche Sachzuwendungen an das Personal des Unternehmens für dessen privaten Bedarf werden einer Lieferung gegen Entgelt gleichgestellt, sofern es sich nicht um sogenannte Aufmerksamkeiten (Grenze: 60 EUR brutto) handelt.

Allerdings sind unentgeltliche Zuwendungen an das Personal nicht steuerbar, wenn die Zuwendung vorrangig einem betrieblichen Zweck dient (Überlassung von Arbeitsmitteln, Maßnahmen zur Gesundheitsvorsorge, Bereitstellung von Parkplätzen etc.).

4.6   Einfuhrumsatzsteuer

Die *Einfuhrumsatzsteuer* wird durch die deutsche Zollverwaltung bei der Einfuhr von Waren aus Drittländern erhoben. Das Aufkommen der Einfuhrumsatzsteuer betrug im Jahr 2017 ca. 55,9 Mrd. EUR. Eine steuerbare Einfuhr liegt vor, wenn Gegenstände in das Inland oder die österreichischen Gebiete Jungholz und Mittelberg eingeführt werden. Die dabei für den Unternehmer entstehende Einfuhrumsatzsteuer kann dieser als Vorsteuer geltend machen.

Achtung: Steuerschuldner der Einfuhrumsatzsteuer kann der Lieferer (Einfuhr ist „verzollt und versteuert"), aber auch der Leistungsempfänger (Einfuhr ist „unverzollt und unversteuert") sein.

In ihrem Wesen entspricht die Einfuhrumsatzsteuer der bereits dargestellten Umsatzsteuer, wie sie beim Verbrauch oder Verkauf von Waren und bei der Erbringung von Dienstleistungen im Inland anfällt. Denn auch die Einfuhr von

Waren aus einem umsatzsteuerrechtlichen Drittlandgebiet nach Deutschland unterliegt grundsätzlich der Umsatzsteuer. Allerdings wird diese dann als Einfuhrumsatzsteuer bezeichnet.
In der Regel wird die Ware von der Umsatzsteuer des Ausfuhrlandes entlastet. Im Gegenzug wird sie jedoch mit der Einfuhrumsatzsteuer des Einfuhrlandes belastet. Da sie bei der Einfuhr nach Deutschland entsteht, wird sie von der *Zollverwaltung* erhoben.

4.7   Steuerbefreiungen ohne Vorsteuerabzug

§ 4 Nr. 8 bis 28 des Umsatzsteuergesetzes regelt einzelne Umsätze, die *umsatzsteuerfrei* (Abb. 4.5) sind und bei denen der Vorsteuerabzug ausgeschlossen ist. Dazu zählen zum Beispiel Geld- und Kreditumsätze, Versicherungsleistungen,

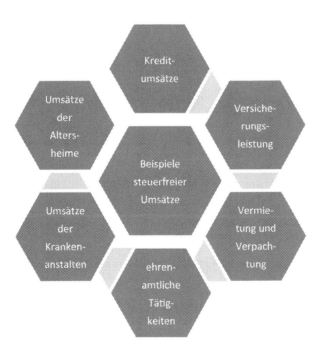

Abb. 4.5 Beispiele steuerfreier Umsätze

Umsätze aus Vermietung und Verpachtung (inkl. der Nebenleistungen Wärme-
lieferung, Flurreinigung, Treppenhausbeleuchtung etc.) oder Umsätze, die unter
das Grunderwerbsteuergesetz fallen (Kaufverträge über bebaute und unbebaute
Grundstücke, Übertragung von Erbbaurechten), ehrenamtliche Tätigkeiten,
Umsätze der Krankenanstalten und Altersheime.

Unter bestimmten Voraussetzungen gibt es die Möglichkeit, auf die Steuerbefreiung zu verzichten. Das gilt z. B. für die Umsätze aus Vermietung und Verpachtung, wobei daran jedoch eine ganze Reihe von Bedingungen geknüpft ist.

4.8   Besteuerungsverfahren

Die Umsatzsteuer ist eine Veranlagungssteuer, bei der der Unternehmer
selbst zu berechnen hat, wie hoch die zu leistenden Steuerzahlungen sind. Der
Besteuerungszeitraum ist das Kalenderjahr. Zur Abgabe der Umsatzsteuererklärung stehen amtliche Vordrucke zur Verfügung.

Sollte sich eine Umsatzsteuerzahlung ergeben, so muss der Steuerpflichtige die
Schuld innerhalb eines Monats nach Abgabe der Umsatzsteuererklärung begleichen
(unabhängig davon, ob das Finanzamt bereits einen Bescheid erstellt hat).

In der Regel hat der Unternehmer während des Jahres Umsatzsteuervor-
anmeldungen abzugeben und entsprechende Vorauszahlungen zu leisten.
Regelvoranmeldungszeitraum ist das Quartal. Beträgt die Steuer für das voran-
gegangene Jahr mehr als 7500 EUR, gilt der Monat als Voranmeldungszeitraum.
Beträgt die Steuer für das vorangegangene Jahr weniger als 1000 EUR, kann eine
Befreiung von den Voranmeldungen beantragt werden.

Gewerbesteuer

5

> Die Gewerbesteuer gilt als die wichtigste Einnahmequelle der Gemeinden. Sie basiert auf dem Gewerbesteuergesetz und hat die Form einer Ertragsteuer. Lernen Sie in diesem Kapitel die Grundlagen der Gewerbesteuer kennen. Informieren Sie sich über die Bedeutung eines Gewerbebetriebes, über die Berechnungsgrundlagen der Steuer und über die Individualisierung der Gewerbesteuer über die Hebesätze der Gemeinden. Erkennen Sie auch, wie die Zerlegung der Steuer funktioniert, wenn sich ein Gewerbebetrieb über mehrere Gemeinden erstreckt. Verstehen Sie außerdem die Anrechnungsmöglichkeiten der Gewerbesteuer auf die Einkommensteuer.

5.1 Grundlagen zur Gewerbesteuer

Die Gewerbesteuer hat die Form einer *Gewerbeertragsteuer.* Dabei wird die Ertragskraft eines Gewerbebetriebes in Höhe von mindestens 7 % des Ertrags besteuert. Bis 1997 gab es zudem einer ertragsunabhängige Gewerbekapitalsteuer. Diese ist inzwischen abgeschafft. Allerdings gibt es aufgrund bestimmter Gewinnzurechnungen Elemente einer Gewerbekapitalsteuer in der Gewerbesteuer.

Grundsätzlich muss der Gewerbetreibende die Gewerbesteuer an die Gemeinde abführen, an der der Gewerbebetrieb ansässig ist. Nur in wenigen Ausnahmefällen hat das Finanzamt die Verwaltung der Gewerbesteuer übernommen. Freiberufler müssen hingegen keine Gewerbesteuer zahlen.

Gewerbesteuerpflichtig sind alle Gewerbebetriebe, die entweder dank ihrer Rechtsform als Kapitalgesellschaft (z. B. GmbH, AG) oder aufgrund ihrer gewerblichen Tätigkeit im Sinne des Einkommensteuerrechts (Einzelkaufleute, Personengesellschaften) erfasst werden.

© Springer Fachmedien Wiesbaden GmbH, ein Teil von Springer Nature 2019
S. Georg, *Basiswissen betriebliche Steuerlehre,* essentials,
https://doi.org/10.1007/978-3-658-23827-8_5

Für natürliche Personen und Personengesellschaften gilt ein *Freibetrag* von 24.500 EUR. Dies bedeutet, dass die ersten 24.500 EUR Gewerbeertrag gewerbesteuerfrei sind. Für sonstige juristische Personen des privaten Rechts (z. B. Vereine) und nichtrechtsfähige Vereine gilt ein Freibetrag von 5000 EUR. Betriebe der Land- und Forstwirtschaftliche werden nur dann besteuert, wenn sie entweder im Handelsregister eingetragen sind oder ihr Umsatz mit gewerblichen Dienstleistungen 5000 EUR übertrifft.

5.2 Berechnung der Gewerbesteuer

5.2.1 Allgemeines Berechnungsschema

Die Gewerbesteuer besteuert den Gewerbeertrag eines Unternehmens und errechnet sich über die Multiplikation der Steuermesszahl mit dem Hebesatz. Der Hebesatz ist von den Gemeinden selbst zu bestimmen. Dadurch ist die Gewerbesteuer nicht überall gleich hoch. In Saarbrücken beträgt der Hebesatz beispielsweise 490 %, im ländlichen Wallerfangen im Saarland dagegen nur 390 %.

Die Ausgangsbasis für die Bemessung der Gewerbesteuer bildet der sogenannte Gewerbeertrag. Dieser bestimmt sich aus dem Gewinn des Gewerbebetriebes, der jedoch um Hinzurechnungen und Kürzungen korrigiert wird. Dabei gilt das folgende Berechnungsschema (Tab. 5.1):

Aus der Multiplikation von Gewerbeertrag und Steuermesszahl, die derzeit 3,5 % beträgt, ergibt sich der *Steuermessbetrag*. Multipliziert man den Steuermessbetrag mit dem Hebesatz der Gemeinde, erhält man die festzusetzende *Gewerbesteuer*.

Tab. 5.1 Berechnung des Gewerbeertrags

	Gewinn aus Gewerbebetrieb (Gewinn) gemäß Einkommensteuergesetz bzw. Körperschaftsteuergesetz
+	Hinzurechnungen
−	Kürzungen
=	Gewerbeertrag vor Verlustabzug
−	Gewerbeverlust auf Vorjahren
=	Gewerbeertrag (abzurunden auf volle 100 EUR)
−	Eventueller Freibetrag
=	Gewerbeertrag (auf volle Hunderter abzurunden)

Tab. 5.2 Berechnung der Finanzierungsentgelte

	Zinsen und andere Entgelte für Schulden
+	Rentenzahlungen und dauernde Lasten
+	Gewinnanteile stiller Gesellschafter
+	20 % der Mieten, Pachten und Leasingraten für bewegliche Anlagegüter
+	50 % der Mieten, Pachten und Leasingraten für unbewegliche Anlagegüter
+	25 % der Entgelte für Rechteüberlassungen, Konzessionen und Lizenzen
=	Gesamtbetrag der Finanzierungsentgelte

5.2.2 Hinzurechnungen

Einen Einfluss auf dem Gewerbeertrag üben die Hinzurechnungen aus.

Bereits seit 2008 sind 25 % der Finanzierungsaufwendungen eines Gewerbebetriebes dem Gewinn wieder hinzuzurechnen. Finanzierungsaufwendungen
sind die Entgelte für Schulden, die Rentenzahlungen und dauernden Lasten, die
Gewinnanteile stiller Gesellschafter und die Finanzierungsanteile in Mieten,
Pachten, Leasingraten und Lizenzen. Diese haben ursprünglich den Gewinn ver-
mindert und werden also nun wieder addiert. Für die kleinen und mittleren Unternehmen gilt hier ein Freibetrag von 100.000 EUR.

Der Gesamtbetrag der Finanzierungsentgelte berechnet sich nach folgender
Formel, basierend auf § 8 Nr. 1 a-f des Gewerbesteuergesetzes (Tab. 5.2):

Vom Gesamtbetrag der Finanzierungsentgelte ist ein Freibetrag von
100.000 EUR zu subtrahieren. Der sich daraus ergebenden Restwert wird mit
25 % multipliziert, woraus sich der Gesamtbetrag der Hinzurechnungen aus
Finanzierungsentgelten ergibt.

Darüber hinaus sind noch weitere Positionen dem Gewinn hinzuzurechnen.
Dazu zählen beispielsweise Zuwendungen zur Förderung steuerbegünstigter
Zwecke nach § 8 Nr. 9 des Gewerbesteuergesetzes.

5.2.3 Kürzungen

Die Kürzungen dienen vor allem dazu, eine mehrfache Belastung mit Realsteuern
zu vermeiden. Sie setzen sich gemäß § 9 des Gewerbesteuergesetzes aus folgenden Positionen zusammen (ausgewählte Beispiele):[1]

---

[1]Siehe auch: Bornhofen, M./Bornhofen, M.C.: Steuerlehre 2 Rechtslage 2017.

- 1,2 % des Einheitswerts des zum Betriebsvermögen gehörenden Grundbesitzes
- Gewinnanteile aus einer ausländischen oder inländischen Mitunternehmerschaft
- Dividenden einer inländischen Kapitalgesellschaft, soweit zu mindestens 15 % beteiligt
- Gewerbeertrag einer ausländischen Betriebsstätte im Sinne des § 12 AO
- Zuwendungen zur Förderung steuerbegünstigter Zwecke innerhalb der Höchstbeträge
- Dividenden einer ausländischen Kapitalgesellschaft, soweit zu mindestens 15 % beteiligt

5.2.4 Berechnungsbeispiele zur Gewerbesteuer

▷ **Beispiel 1** Für ein Einzelunternehmen gelte: Gewerbeertrag 100.500 EUR, keine Hinzurechnungen und Kürzungen. *Berechnung des Steuermessbetrages:* Vom Gewerbeertrag von 100.500 EUR ist zunächst der Freibetrag in Höhe von 24.500 EUR zu subtrahieren, woraus sich ein Gewerbeertrag von 76.000 EUR ergibt. Dieser ist mit der Steuermesszahl von 3,5 % zu multiplizieren, wodurch sich der Steuermessbetrag von 2660 EUR errechnet. Dieser ist mit dem gemeindeindividuellen Hebesatz zu multiplizieren, um die Gewerbesteuerlast zu bestimmen.

▷ **Beispiel 2** Für eine Kapitalgesellschaft gelte: Gewerbeertrag von 100.000 EUR. Gründe für Hinzurechnungen oder Kürzungen liegen nicht vor. *Berechnung des Steuermessbetrages:* In diesem Fall ist der Gewerbeertrag von 100.000 EUR ohne Abzug eines Freibetrags direkt mit der Steuermesszahl von 3,5 % zu multiplizieren, wodurch sich der Steuermessbetrag von 3500 EUR errechnet.

Der auf den Steuermessbetrag anzuwendende Hebesatz wird von der Gemeinde festgelegt. Seit dem Jahr 2004 beträgt der Hebesatz gemäß § 16 Abs. 4 Satz 2 Gewerbesteuergesetz mindestens 200 %. Meistens sind die Hebesätze von Großstädten höher als im Umland.

Gemeinden haben die Möglichkeit, mit einem geringen Hebesatz Gewerbebetriebe anzulocken. Allerdings sind dann auch die Gewerbesteuereinnahmen je Gewerbebetrieb entsprechend gering.

5.3   Gewerbesteuerzerlegung

Die *Gewerbesteuerzerlegung* spielt eine Rolle, wenn ein Unternehmen Betriebs-stätten in mehreren Gemeinden hat. In diesem Fall muss der Steuermessbetrag auf die einzelnen Gemeinden verteilt (zerlegt) werden. Hiervon ausgenommen sind lediglich Gleisanlagen, Leitungen (z. B. für Gas, Wasser, elektrische Energie) sowie unterirdische Bergbauanlagen, die sich typischerweise auf mehrere Gemeinden verteilen. Als Zerlegungsmaßstab für den Steuermessbetrag gilt meist der in den betroffenen Gemeinden an die dort Beschäftigten gezahlten Arbeitslöhne. Über die Zerlegung erteilt das zuständige Finanzamt einen Zerlegungsbescheid.

> **Beispiel** Ein Unternehmen führt Betriebsstätten in den Gemeinden City und Dorf. Da sich in der City die Zentrale befindet, arbeiten dort insgesamt 100 Beschäftigte, denen ein Jahreslohn von insgesamt 4 Mio. EUR gezahlt wird. In der Gemeinde Dorf befindet sich dagegen nur eine Filiale mit 12 Beschäftigen und einem Gesamtjahreslohn von 400.000 EUR. Der Gewerbesteuermessbetrag für das Gesamtunternehmen betrage 330.000 EUR. Dann werden die 330.000 EUR im Verhältnis der gezahlten Löhne auf die beiden Gemeinden aufgeteilt. Auf die Gemeinde City entfallen somit 300.000 EUR Steuermessbetrag, auf die Gemeinde Dorf lediglich 30.000 EUR Steuermessbetrag.

Beachten Sie in diesem Zusammenhang, dass die meisten Lebensmittel-Discounter ein Filialnetz betreiben, weshalb ein stattlicher Teil des Steuermessbetrages der Gewerbesteuer an den Ort des Firmensitzes fällt, weil dort in der Regel die gesamte Geschäftsleitung und viele Verwaltungsmitarbeiter beschäftigt sind. Bei selbst-ständigen Gewerbetreibenden, die unter dem gemeinsamen Namen EDEKA firmieren, bleibt die Gewerbesteuer dagegen in den jeweiligen Gemeinden, in denen der EDEKA-Markt ansässig ist!

5.4   Die Wirkung der Gewerbesteuer auf die Einkommensteuer

Gewerbetreibende sind letztlich steuerlich nicht (wesentlich) schlechter gestellt als Freiberufler. Denn die Gewerbetreibenden können grundsätzlich die von ihnen gezahlte Gewerbesteuer in der persönlichen Einkommensteuererklärung geltend machen. Das bedeutet, die gezahlte Gewerbesteuer wird mit der Einkommensteuerlast verrechnet. Dies gilt allerdings nur bis zu einem Hebesatz

Tab. 5.3 Berechnung von Gewerbe- und Einkommensteuer

Berechnung der Gewerbesteuer	
Gewinn	102.770 EUR
− Freibetrag	24.500 EUR
− Abrundung gem. § 11 Abs. 1 Satz 3 GewStG	70 EUR
= Gewerbeertrag	78.200 EUR
× Steuermesszahl (3,5 %)	
= Gewerbesteuer-Messbetrag	2737 EUR
× Gewerbesteuer-Hebesatz (400 %)	
= Gewerbesteuer	10.948 EUR
Berechnung der Einkommensteuer	
Einkünfte aus Gewerbebetrieb	102.770 EUR
− sonstige Abzüge (Sonderausgaben etc.)	10.000 EUR
= zu versteuerndes Einkommen	92.770 EUR
Einkommensteuer (ledig, keine Kirchensteuer)	30.569 EUR
− 3,8-facher GewSt-Messbetrag (3,8 × 2737 EUR)	10.401 EUR
= festzusetzende Einkommensteuer	20.168 EUR
Davon 5,5 % Solidaritätszuschlag	1109 EUR

von 380 %. Wenn die Gemeinde einen höheren Hebesatz bei der Bestimmung der Gewerbesteuer anwendet, so zählen die über 380 % hinausgehenden Anteile nicht zur Minderung der Einkommensteuer.

Beispiel zur Berechnung der Gewerbe- und Einkommensteuer (Tab. 5.3)
Ein lediger Einzelhändler, der ausschließlich Einkünfte aus Gewerbebetrieb erzielt, hat im Jahr 2016 einen Gewinn vor Steuern von 102.770 EUR erzielt.[2] Da keine Kürzungen und Hinzurechnungen anfallen, ist der Gewerbeertrag vor Abzug des Freibetrags ebenso hoch. Der Gewerbesteuer-Hebesatz beträgt 400 %. Bei der Einkommensteuererklärung kann er 10.000 EUR sonstige Abzüge (z. B. Sonderausgaben) geltend machen.

Die Gesamtsteuerbelastung aus Gewerbesteuer, Einkommensteuer und Solidaritätszuschlag beläuft sich dann auf 32.225 EUR.

---

[2]https://www.haufe.de/finance/finance-office-professional/gewerbesteueranrechnung-steu-erermaessigung-bei-gewerblich-31-grundfall_idesk_PI11525_HI2179474.html.

Körperschaftsteuer

6

▶ Mit der Körperschaftsteuer werden in Deutschland sogenannte juristische Personen belastet. Hierzu zählen insbesondere Unternehmen in der Form einer Kapitalgesellschaft (z. B. Gesellschaft mit beschränkter Haftung, Aktiengesellschaft). Grundlage der Steuer ist das Körperschaftsteuergesetz. Informieren Sie sich in diesem Kapitel über das Prinzip der Körperschaftsteuer und die Berechnungsgrundlage der Steuer. Lernen Sie kennen, wie man die Höhe der Körperschaftsteuerbelastung bestimmt. Erfahren Sie außerdem, wie hoch die tatsächliche Steuerbelastung ist, wenn Körperschaften ihre Gewinne vollständig ausschütten.

6.1 Grundlagen zur Körperschaftsteuer

Das Einkommen juristischer Personen in Deutschland wird mit der *Körperschaftsteuer* belastet. Dazu ist auf Basis der Steuerbilanz durch verschiedene Korrekturen das zu versteuernde Einkommen zu ermitteln. Es muss jährlich mit der Körperschaftsteuererklärung beim Finanzamt gemeldet werden. Die Körperschaftsteuer ergänzt die Gewerbesteuer und die Einkommensteuer. Jedoch sind bestimmte Organisationen (z. B. politische Parteien) von der Körperschaftsteuer befreit.

Die Körperschaftsteuer ist dem Wesen nach eine *direkte Steuer*, da der Steuerschuldner die Steuerlast selbst trägt. Außerdem handelt es sich um eine *Ertragsteuer*, denn die Steuer basiert auf einer Gewinngröße. Des Weiteren handelt es sich um eine *Personensteuer*, da die juristische Person besteuert wird und um eine *Gemeinschaftsteuer*, da Bund und Länder sich die Einnahmen aus der Körperschaftsteuer hälftig teilen.

© Springer Fachmedien Wiesbaden GmbH, ein Teil von Springer Nature 2019
S. Georg, *Basiswissen betriebliche Steuerlehre*, essentials,
https://doi.org/10.1007/978-3-658-23827-8_6

Die Rechtsgrundlage der Körperschaftsteuer bildet das Körperschaftsteuer-gesetz und die Abgabenordnung.

6.2   Das Prinzip der Körperschaftsteuer

Die Körperschaftsteuer von juristischen Personen entspricht der Einkommen-steuer von natürlichen Personen. Nach § 1 Abs. 1 des Körperschaftsteuergesetzes sind grundsätzlich Körperschaften, Personenvereinigungen und Vermögens-massen in Deutschland unbeschränkt körperschaftsteuerpflichtig, wenn sie ihre Geschäftsleitung oder ihren Sitz im Inland haben. Die Doppelbesteuerung von ausländischen Gesellschaften ist somit ausgeschlossen.

§ 1 Abs. 1 Nr. 1–6 zählt die Gesellschaften auf, die der Körperschaftsteuer unterliegen:

- Kapitalgesellschaften (vor allem Aktiengesellschaften AG, Kommanditgesell-schaften auf Aktien KGaA, Gesellschaften mit beschränkter Haftung GmbH und Europäische Gesellschaften SE),
- Erwerbs- und Wirtschaftsgenossenschaften,
- Versicherungs- und Pensionsfondvereine auf Gegenseitigkeit,
- sonstige juristische Personen des privaten Rechts, wie zum Beispiel ein-getragene Vereine und Stiftungen,
- nichtrechtsfähige Vereine, Anstalten und Stiftungen des privaten Rechts,
- Betriebe gewerblicher Art von Körperschaften des öffentlichen Rechts wie Verkehrsbetriebe oder Stadtwerke.

Dabei umfasst die unbeschränkte Körperschaftsteuerpflicht das gesamte Weltein-kommen dieser Körperschaften.

Befindet sich weder die Geschäftsleitung noch der Sitz der Körperschaft im Inland, so sind die genannten Organisationen mit ihren inländischen Einkünften nach § 2 Nr. 1 des Körperschaftsteuergesetzes nur beschränkt steuerpflichtig, wobei auch hier die Doppelbesteuerungsabkommen mit Drittländern Beachtung finden.

Dagegen sind Unternehmen des Bundes, Berufsverbände, politische Parteien und mildtätig agierende Körperschaften von der Körperschaftsteuer befreit (Abb. 6.1).

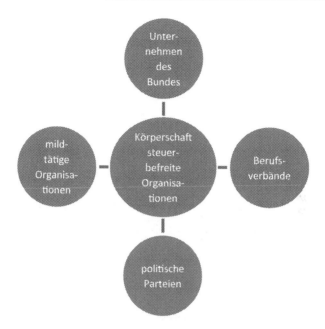

Abb. 6.1 Körperschaftsteuer-befreite Unternehmen

6.3   Berechnung der Körperschaftsteuer

Zur Berechnung der Körperschaftsteuer ist zunächst das zu versteuernde Einkommen zu bestimmen und auf volle Euro abzurunden. Das allgemeine Berechnungsschema für die Körperschaftsteuer lautet (Tab. 6.1):

Auf das zu versteuernde Einkommen ist der Steuersatz nach § 23 Abs. 1 des Körperschaftsteuergesetzes von derzeit 15 %, zuzüglich des Solidaritätszuschlages von 5,5 %, anzuwenden. Damit beträgt der Steueranteil insgesamt 15,825 % des zu versteuernden Einkommens. Dieser ist für alle steuerpflichtigen Körperschaften gleich, d. h. es gibt im Unterschied zur Einkommensteuer keine Steuerprogression.

Hinweise zu den Korrekturpositionen
Von *verdeckten Gewinnausschüttungen* ist zu sprechen, wenn Gesellschafter mit der Körperschaft Verträge abschließt, die sie mit einer fremden Organisation nicht

Tab. 6.1 Berechnung des zu versteuernden Einkommens

	Jahresüberschuss laut Steuerbilanz
+	Verdeckte Gewinnausschüttungen
−	Verdeckte Einlagen
+	Nichtabziehbare Aufwendungen
+	Gesamtbetrag der Zuwendungen
±	Hinzurechnungen oder Kürzungen bei Beteiligungen an anderen Kapitalgesellschaften
−	Steuerfreie Einnahmen
+	Gewinnzuschläge
−	Investitionsabzugsbeträge
=	Steuerlicher Gewinn
−	Abzugsfähige Zuwendungen nach § 9 Abs. 1 Nr. 2 Körperschaftsteuergesetz
=	Gesamtbetrag der Einkünfte
−	Verlustabzug nach § 10 d Einkommensteuergesetz
=	Einkommen
−	Freibeträge für bestimmte Körperschaften nach § 24, § 25 Körperschaftsteuergesetz
=	Zu versteuerndes Einkommen

abschließen könnten. Das ist beispielsweise bei überhöhten Mieten für Geschäftsräume oder bei überhöhten Gehältern für die nichtselbstständige Tätigkeit der Fall und gilt auch für nahe Angehörige der Gesellschafter. In diesem Fällen ist die Differenz zwischen den üblichen Wertansätzen und den überhöhten Wertansätzen zu bilden, und der Gewinn der Körperschaft ist um die (zu viel berechnete) Differenz körperschaftsteuerrechtlich zu erhöhen.

▷ **Beispiel** Die ortsübliche Miete beträgt für Geschäftsräume 2500 EUR pro Monat, die ein Gesellschafter der Körperschaft jedoch für 4000 EUR pro Monat vermietet. Bei der Gewinnermittlung hat die Körperschaft die tatsächlich zu zahlende Miete von 4000 EUR als Aufwand angesetzt. Für die Berechnung der Körperschaftsteuer ist jedoch das zu versteuernde Einkommen um 1500 EUR pro Monat zu erhöhen.

Zusätzlich gelten diese verdeckten Gewinnausschüttungen (im Beispiel 1500 EUR pro Monat) für den Empfänger als Einkünfte aus Kapitalvermögen.

Auch *verdeckte Einlagen* müssen bei der Berechnung des körperschaftsteuerlichen Einkommens neutralisiert werden. Man spricht von verdeckten Einlagen, wenn Gesellschafter der Körperschaft einen (finanziellen) Vorteil verschaffen, indem sie z. B. einen Gegenstand des Privatvermögens unter Wert an die Körperschaft verkaufen oder auf einen Zahlungsanspruch verzichten, der ihnen eigentlich zusteht (Gehaltsverzicht oder Verzicht auf Darlehenstilgung). Voraussetzung für die verdeckte Einlage ist, dass der Gegenstand der verdeckten Einlage bilanzierbar sein muss.

Die *nichtabziehbaren Aufwendungen* ergeben sich daraus, dass handelsrechtlich alle Ausgaben der Körperschaft als Aufwand verbucht werden können. Dazu zählen auch solche, die körperschaftsteuerrechtlich nicht abgezogen werden dürfen. Dies sind nach § 4 des Einkommensteuergesetzes beispielsweise Geschenke über 35 EUR je Empfänger, Geldbußen, Ordnungsgelder und Verwarnungsgelder, Spenden an politische Parteien oder ein Teil der Bewirtungskosten (ausgewählte Beispiele).[1]

Zu den *Zuwendungen* zählen Spenden und Mitgliedsbeiträge zur Förderung steuerbegünstigter Zwecke. Diese sind bei der Gewinnermittlung als Betriebsausgaben abziehbar, sind bei der körperschaftsteuerlichen Einkommensbestimmung jedoch wieder hinzuzurechnen. Interessanterweise können sie dann später wieder als Zuwendungen abgezogen werden. Jedoch sind hier Höchstgrenzen zu berücksichtigen. Außerdem sind bestimmte Mitgliedsbeiträge z. B. an Körperschaften des Sports, des Modellflugs, des Karnevals, der Soldatenbetreuung (und viele weitere mehr) ausgeschlossen. Dagegen sind Spenden an diese Körperschaften abzugsfähig.[2]

Das Körperschaftsteuergesetz regelt in § 10 die sogenannten Hinzurechnungen. Hierzu zählen beispielsweise:[3]

- Steuern vom Einkommen (z. B. die eigene Körperschaftsteuer und der Solidaritätszuschlag) und die Umsatzsteuer auf Entnahmen oder verdeckte Gewinnausschüttungen sowie
- die Hälfte der Vergütungen an Mitglieder des Aufsichtsrats und ähnlicher Überwachungsorgane.

---

[1]Vgl. hierzu auch: Schwindt, H.-D.: Körperschaftsteuer leicht gemacht, 3. Auflage, Ewald v. Kleist Verlag, 2016.

[2]Vgl. hierzu auch: Körperschaftsteuergesetz, Beck Texte, 29. Auflage, dtv Verlagsgesellschaft, 2018.

[3]Vgl. hierzu auch: Körperschaftsteuergesetz, Beck Texte, 29. Auflage, dtv Verlagsgesellschaft, 2018.

Bei *Beteiligungen an anderen Kapitalgesellschaften* werden Gewinnausschüttungen von diesen anderen Kapitalgesellschaften nach § 8 b des Körperschaftsteuergesetzes nicht besteuert. Allerdings erfolgt dann bei der Ausschüttung an natürliche Personen die Besteuerung.

Für den *Verlustabzug* gelten gleich zwei Gesetze: § 8 Abs. 1 Körperschaftsteuergesetz und § 10 d Einkommensteuergesetz. Wenn ein Verlust anfällt, wird er grundsätzlich bis zu einer Höhe von 1 Million Euro auf das Vorjahr zurückgetragen, sofern im Vorjahr ein positives Einkommen ermittelt wurde. Ansonsten ist er auf das nächste Jahr vorzutragen. Im Folgejahr ist der Verlustvortrag vom Gesamtbetrag der Einkünfte abzuziehen. Allerdings kann pro Jahr ein Verlustvortrag von höchstens einer Million Euro unbeschränkt verrechnet werden. Darüber hinaus können nur 60 % des Gesamtbetrags der Einkünfte durch den Verlustvortrag gemindert werden.

Für bestimmte landwirtschaftliche Genossenschaften und Vereine gilt nach § 25 des Körperschaftsteuergesetzes ein Freibetrag von 15.000 EUR. Nach § 24 des Körperschaftsteuergesetzes gilt für andere Körperschaften wie z. B. Vereine, die keine Gewinnausschüttung vornehmen, ein Freibetrag von 5000 EUR. Der Freibetrag ist vom Einkommen abzuziehen, wobei der Freibetrag nie höher sein darf als das Einkommen an sich, sodass keine körperschaftsteuerrechtlichen Verluste entstehen.

6.4   Tatsächliche Steuerbelastung des Gewinns von Kapitalgesellschaften

Da die Steuerbelastung der Gewinne von Kapitalgesellschaften nicht nur aus der Körperschaftsteuer und der Gewerbesteuer besteht, sondern auch beim Anteilseigner Steuern erhoben werden, liegt die tatsächliche Steuerbelastung bei fast 50 % des Gewinns, wie die folgende Berechnung zeigt.

▶   **Beispiel** Erzielt eine Kapitalgesellschaft einen Gewinn vor Steuern von 100.000 EUR, fallen bei einem Hebesatz von 400 % Gewerbesteuer in Höhe von 14.000 EUR (Steuermesszahl 3,5 %) und Körperschaftsteuer von 15.830 EUR (inkl. Solidaritätszuschlag) an. Somit beträgt die steuerliche Gesamtbelastung im Unternehmen 29.830 EUR. Bei Vollausschüttung des verbleibenden Gewinns von 70.170 EUR hat der Anteilseigner eine Kapitalertragsteuer von 17.540 EUR (25 % von 70.170 EUR) zuzüglich eines Solidaritätszuschlags von 960 EUR (5,5 % von 17.540 EUR) zu zahlen. Die tatsächliche Steuerbelastung beträgt somit insgesamt 48.330 EUR und damit fast 50 % des ursprünglichen Gewinns von 100.000 EUR.

Energiesteuer 7

> Die Energiesteuer in Deutschland ist eine wichtige Verbrauchsteuer
> mit dem Ziel, den Verbrauch von Energieträgern wie Benzin, Öl,
> Kohle und Gas steuerlich zu regulieren. Mit über 40 Mrd.
> EUR jährlich füllt sie außerdem die Staatskasse in beachtenswertem Umfang. Die
> Zuständigkeit für die Erhebung der Steuer liegt beim Deutschen Zoll.
> Lernen Sie in diesem Kapitel die Grundlagen der Energiesteuer ken-
> nen. Informieren Sie sich über die Energieerzeugnisse, die der Steuer
> unterliegen. Außerdem sind Ihnen ausgewählte Steuersätze zu den
> jeweiligen Energieerzeugnissen dargestellt.

7.1 Grundlagen der Energiesteuer

Die *Energiesteuer* ist eine Verbrauchsteuer auf Energieerzeugnisse (Abb. 7.1).
Dazu zählen beispielsweise Benzin, Dieselkraftstoff, leichtes und schweres Heizöl,
Flüssiggas, Erdgas und Kohle. Ziel ist es, mit der Energiesteuer die Verwendung
bestimmter Waren als Kraft- oder Heizstoff innerhalb des deutschen Steuergebiets
zu besteuern.

Bei der Energiesteuer handelt es sich um eine in der Europäischen Union
harmonisierte *Verbrauchsteuer.* Somit basiert das deutsche Energiesteuergesetz
auf gemeinsamen EU-Richtlinien. Meist wird die Energiesteuer beim Herstel-
ler oder bei einem Weiterverkäufer erhoben. Anschließend wird sie über den
Warenpreis auf die Verbraucher umgelegt. Mithilfe von Steuerbegünstigungen
lässt sich außerdem der Einsatz umweltfreundlicher Technologien fördern.
Diese Steuerbegünstigungen treten entweder in Form einer Steuerbefreiung

© Springer Fachmedien Wiesbaden GmbH, ein Teil von Springer Nature 2019
S. Georg, *Basiswissen betriebliche Steuerlehre*, essentials,
https://doi.org/10.1007/978-3-658-23827-8_7

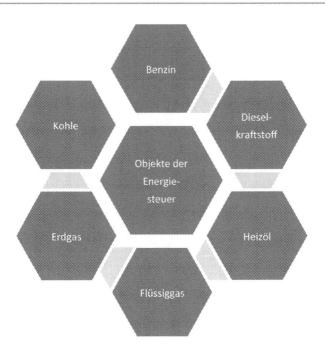

Abb. 7.1 Objekte der Energiesteuer

oder in einer vollständigen oder teilweisen nachträglichen Entlastung von der Energiesteuer auf.

Die Energiesteuer wird auf Basis des Energiesteuergesetzes von der *Zollverwaltung* erhoben. Informationen zur Energiesteuer finden Sie folgerichtig auf der Website des Deutschen Zolls unter: http://www.zoll.de/DE/Fachthemen/Steuern/Verbrauchsteuern/Energie/Grundsaetze-Besteuerung/grundsaetze-besteuerung_node.html.

7.2 Energieerzeugnisse

Die Energieerzeugnisse im Sinne des Energiesteuergesetzes sind in § 1 Abs. 2 und 3 aufgelistet. Dazu zählen beispielsweise:[1] (ausgewählte Beispiele)

- pflanzliche und tierische Öle und Fette, wenn sie als Kraft- oder Heizstoff verwendet werden sollen,
- Steinkohle, Braunkohle und Koks,
- Steinkohlengas, Wassergas, Generatorgas, Schwachgas und ähnliche Gase,
- Rohöle,
- Zubereitungen bzw. weiterverarbeitete Öle; z. B. alle Benzine oder Dieselkraftstoffe,
- Erdgas und andere gasförmigen Kohlenwasserstoffe,
- Naturbitumen und Naturasphalt.

7.3 Steuersätze für Energieerzeugnisse

Nachfolgend finden Sie einige ausgewählte Steuersätze für Energieerzeugnisse nach § 2 Abs. 1 des Energiesteuergesetzes. Beachten Sie die verkürzte Darstellung. Diese Steuersätze kommen zudem nur dann zur Anwendung, wenn keine ermäßigten Steuersätze gegeben sind.

- Benzin, unverbleit und schwefelarm: 669,80 EUR je 1000 L
- Benzin, unverbleit und schwefelfrei: 654,50 EUR je 1000 L
- Benzin, verbleit: 721,00 EUR je 1000 L
- Mittelschwere Öle: 654,50 EUR je 1000 L
- Gasöl, schwefelarm: 485,70 EUR je 1000 L
- Erdgas: 31,80 EUR je Megawattstunde
- Flüssiggase: 409,00 EUR je 1000 L
- Kohle: 0,33 EUR je Gigajoule

---

[1]Vgl. hierzu auch Stein, R.M./Thomas, A.: Energiesteuern in der Praxis, 3. Auflage, Bundesanzeiger Verlag 2015.

Fazit zu den wichtigsten Steuerarten

8

▶ Das deutsche Steuerwesen zeichnet sich durch eine hohe Komplexität aus. Dazu trägt die Vielzahl der Steuerarten bei. Allerdings ist auch die Berechnung der Steuerhöhe in der Regel alles andere als trivial. Lernen Sie, das Steuerrecht kritisch zu beurteilen und bilden Sie sich eine eigene Meinung.

Die Ausführungen zeigen die hohe *Komplexität* der einzelnen Steuerarten, die für Unternehmen und Belegschaft eine große Rolle spielen. Gerade die in der Berechnung eher einfache Umsatzsteuer wirft zahlreiche Fragen auf, die sich durch die Begrifflichkeiten ergeben.

Ob die Höhe der Steuerlast berechtigt ist, kann nicht abschließend gesagt werden. Dazu müssten die Leistungen gegenüber gestellt werden, die letztlich mithilfe der Steuereinnahmen finanziert werden. Auf jeden Fall gibt es hier zwischen den Ländern der Europäischen Union und der gesamten Welt große Unterschiede.

Grundsätzlich besteht der Verdacht, dass aufgrund der Bemühungen um eine gerechte Steuergesetzgebung so viele Details und Besonderheiten in die Steuergesetze eingearbeitet sind, dass nur noch absolute Spezialisten die Korrektheit einer Steuererklärung gewährleisten können. Dies führt dann aber letztlich zu weniger Steuergerechtigkeit, da eine Vielzahl der Betroffenen ihre eigenen Rechte und Pflichten kaum verstehen kann.

Für alle Unternehmen empfiehlt sich der Gang zum Steuerberater. Aber auch Arbeitnehmer, die mehr Einkünfte erzielen als nur solche aus unselbstständiger Arbeit, sind mit einer Fachberatung auf dem richtigen Weg. Bedenken Sie hier nur die vielen Eigentümer von Fotovoltaik-Anlagen auf den Dächern ihrer Wohnhäuser, die Strom ins öffentliche Stromnetz einspeisen und damit zum Gewerbetreibenden (und häufig auch freiwillig zum Umsatzsteuerpflichtigen) werden.

© Springer Fachmedien Wiesbaden GmbH, ein Teil von Springer Nature 2019   55
S. Georg, *Basiswissen betriebliche Steuerlehre,* essentials,
https://doi.org/10.1007/978-3-658-23827-8_8

Was Sie aus diesem *essential* mitnehmen können

- Sicherlich haben Sie bemerkt, dass das Grundkonzept der Steuerlehre in Deutschland durchaus vernünftig strukturiert ist.
- Allerdings schafft der Gesetzgeber in dem Wunsch nach möglichst großer Steuergerechtigkeit so viele Regelungen, dass das Thema Steuern für Unternehmer und Bürger sehr unübersichtlich wird. Und das gilt sogar für die Einkommensteuer, die für sehr viele Menschen große Relevanz besitzt.
- Letztlich braucht man Experten, die bei der Erstellung der Steuererklärungen mehr oder minder intensiv unterstützen. Dennoch kann man als informierter Laie die eigene Steuererklärung verstehen, denn die Grundzüge der einzelnen Steuerarten sind durchaus verständlich.

© Springer Fachmedien Wiesbaden GmbH, ein Teil von Springer Nature 2019   57
S. Georg, *Basiswissen betriebliche Steuerlehre,* essentials,
https://doi.org/10.1007/978-3-658-23827-8

Literatur

Abgabenordnung: https://www.gesetze-im-internet.de/ao_1977/

Bornhofen. M. et al.: Steuerlehre 1 Rechtslage 2018: Allgemeines Steuerrecht, Abgabenordnung, Umsatzsteuer, 39. Auflage, Spinger Gabler 2018

Bundesfinanzministerium: https://www.bundesfinanzministerium.de/Web/DE/Themen/Steuern/Steuerarten/steuerarten.html

Bundesfinanzministerium: https://www.bundesfinanzministerium.de/Content/DE/Standardartikel/Themen/Steuern/Steuerschaetzungen_und_Steuereinnahmen/2018-01-26-steuereinnahmen-kalenderjahr-2017.pdf;jsessionid=89B58BBF47AE1AC68952B-8BBBDC0FE2F?__blob=publicationFile&v=4

Schreiber, Ulrich: Besteuerung der Unternehmen: Eine Einführung in Steuerrecht und Steueraufkommen, 3. Auflage, Springer 2012

Statistisches Bundesamt: https://www.destatis.de/DE/ZahlenFakten/GesellschaftStaat/OeffentlicheFinanzenSteuern/Steuern/Steuerhaushalt/Tabellen/KassenmaessigeSteuereinnahmenNachSteuerverteilung.html

Statistisches Bundesamt: https://www.destatis.de/DE/ZahlenFakten/GesellschaftStaat/OeffentlicheFinanzenSteuern/Steuern/Steuerhaushalt/AktuellSteuereinnahmen.html;jsessionid=305FB518E143C2E4A2136A2E00CE06EE.InternetLive2http://www.spiegel.de/wirtschaft/soziales/steuern-deutschland-ist-vizemeister-bei-der-abgabenlast-a-1142772.html

Bornhofen, M./Bornhofen, M.C.: Steuerlehre 2 Rechtslage 2017: Einkommensteuer, Körperschaftsteuer, Gewerbesteuer, Bewertungsgesetz und Erbschaftsteuer (Bornhofen Steuerlehre 2 LB), 38. Auflage, Springer Gabler 2018.

Bundesministerium der Finanzen: https://www.bmf-steuerrechner.de/ekst/eingabeformekst.xhtml

Einkommensteuergesetz: https://www.gesetze-im-internet.de/estg/BJNR010050934.html

Einkommensteuerrecht Est: Beck Texte, 32. Auflage, dtv Verlagsgesellschaft, 2018.

Will, Klaudia: https://www.finanz-tools.de/einkommensteuer/berechnung-formeln/2017

Bornhofen, M./Bornhofen, M.C.: Steuerlehre 2 Rechtslage 2017, 38. Auflage, Springer Gabler 2018

Deutscher Bundestag: http://dip21.bundestag.de/dip21/btd/19/011/1901179.pdf

Solidaritätszuschlaggesetz: https://www.gesetze-im-internet.de/solzg/BJNR113180991.html

Wichtige Steuergesetze mit Durchführungsverordnungen, NWB Verlag, Textausgabe 2018

© Springer Fachmedien Wiesbaden GmbH, ein Teil von Springer Nature 2019 59
S. Georg, *Basiswissen betriebliche Steuerlehre,* essentials,
https://doi.org/10.1007/978-3-658-23827-8

Gabler Wirtschaftslexikon: https://wirtschaftslexikon.gabler.de/definition/vorsteuerabzug-47118
Haufe: https://www.haufe.de/thema/vorsteuerabzug/
Umsatzsteuergesetz: https://www.gesetze-im-internet.de/ustg_1980/
Umsatzsteuerrecht: Beck Texte, 36. Auflage, dtv Verlagsgesellschaft, 2018
Wikipedia: Umsatzsteuer, https://de.wikipedia.org/wiki/Umsatzsteuer
Dinkelbach, Andreas: Ertragsteuern: Einkommensteuer, Körperschaftsteuer, Gewerbesteuer, 7. Auflage, Spinger Gabler 2017
Gewerbesteuergesetz: https://www.gesetze-im-internet.de/gewstg/
Gewerbesteuerrecht: Beck-Texte, 30. Auflage, dtv Verlagsgesellschaft, 2018
Haufe: https://www.haufe.de/finance/finance-office-professional/gewerbesteueranrechnung-steuerermaessigung-bei-gewerblich-31-grundfall_idesk_PI11525_HI2179474.html
Gabler Wirtschaftslexikon: https://wirtschaftslexikon.gabler.de/definition/koerperschaftsteuer-40741
Körperschaftsteuergesetz: https://www.gesetze-im-internet.de/kstg_1977/
Körperschaftsteuergesetz, Beck Texte, 29. Auflage, dtv Verlagsgesellschaft, 2018.
Schwindt, H.-D.: Körperschaftsteuer leicht gemacht, 3. Auflage, Ewald v. Kleist Verlag, 2016
Bongartz. M. / Schröer-Schallenberg,,S.: Verbrauchsteuerrecht, 3. Auflage, C.H. Beck, 2018
Bundesfinanzministerium: https://www.bundesfinanzministerium.de/Content/DE/Glossarein-traege/E/012_Energiesteuer.html?view=renderHelp
Bundesministerium der Justiz und für Verbraucherschutz: Energiesteuergesetz, https://www.gesetze-im-internet.de/energiestg/BJNR153410006.html
Gabler Wirtschaftslexikon: https://wirtschaftslexikon.gabler.de/definition/energiesteuer-33398
Generalzolldirektion: http://www.zoll.de/DE/Fachthemen/Steuern/Verbrauchsteuern/Energie/energie_node.html
Generalzolldirektion: http://www.zoll.de/DE/Fachthemen/Steuern/Verbrauchsteuern/Energie/Grundsaetze-Besteuerung/grundsaetze-besteuerung_node.html
Stein, R.M./Thomas, A.: Energiesteuern in der Praxis, 3. Auflage, Bundesanzeiger Verlag 2015.
Adam, H.: Steuerpolitik in 60 Minuten, Springer VS 2013.
Bieling, J.: Steuerpolitik, Wochenschau Verlag 2015.

Printed in the United States
By Bookmasters